Cérémonies officielles, palpitants faits divers,
grands procès qui divisent l'opinion...
Pendant cinq siècles, les curiosités du public
vont aux mêmes sujets. Pendant cinq siècles,
chroniqueurs et reporters
tissent de leurs témoignages
la trame de l'histoire.

Le Petit Journal

5 CENT. SUPPLÉMENT ILLUSTRÉ 5 CENT.

ADMINISTRATION ABONNEMENTS

25me Année DIMANCHE 29 MARS 1914 Numéro 1.219

Tragique épilogue d'une querelle politique

Mme CAILLAUX, FEMME DU MINISTRE DES FINANCES, TUE A COUPS DE REVOLVER M. GASTON CALMETTE DIRECTEUR DU " FIGARO "

EXPLICATION DE NOS GRAVURES

TRAGIQUE ÉPILOGUE
D'UNE QUERELLE POLITIQUE

Mme Caillaux, femme du ministre des Finances, tue à coups de revolver M. Gaston Calmette, directeur du « Figaro ».

Ce fut, dans Paris, une stupeur lorsqu'on apprit l'attentat dont M. Gaston Calmette venait d'être victime.

On sait que, depuis quelque temps, le directeur du *Figaro* menait dans ce journal une campagne ardente contre le ministre des finances. Mais cette campagne s'était toujours poursuivie uniquement sur le terrain politique, et jamais la personnalité de Mme Caillaux n'y avait été mêlée.

C'est pourquoi l'on conçoit mal la raison qui la détermina au meurtre.

Sans doute subit-elle, par l'ambiance, le contre-coup des colères que la campagne du *Figaro* renouvelait presque chaque jour à son foyer ; mais comment se peut-il qu'une femme, si irritée qu'elle fût dans son cœur d'épouse, ait eu l'horrible courage de préméditer ce crime et de l'accomplir avec une aussi implacable résolution ?

Le Petit Journal

SUPPLÉMENT-ILLUSTRÉ

Huit pages : CINQ centimes

DIMANCHE 20 FÉVRIER 1898

L'AFFAIRE ZOLA

Zola au Palais de Justice

NOS GRAVURES

L'affaire Zola

Nous aurions bien aimé ne plus nous occuper de cette honteuse affaire, de ces débats odieux où l'on s'est efforcé de détruire, d'atténuer au moins l'un des derniers respects qui nous restent, celui que tout vrai Français porte à l'armée.

Au dedans comme au dehors de l'enceinte, des paroles odieuses ont été prononcées, des actes abominables de violence se sont accomplis; devant les juges, M. Zola a crié qu'il ne connaissait point la loi; dehors on n'a point craint de vomir cette parole impie :

— A bas la France !

Puis l'on s'est gourmé.

Autrefois l'on disait aux enfants qui commettaient une faute :

— Prends garde ! tu vas faire pleurer la Sainte-Vierge.

A ces mauvais Français l'on pourrait représenter qu'ils font pleurer la Patrie ; il est vrai, lugubre compensation, qu'ils font rire l'Étranger.

Nous sommes heureux d'opposer à l'entrée piteuse de Zola au Palais de Justice, la sortie triomphale de plusieurs officiers, parmi lesquels le général Gonse ; on leur a fait une véritable ovation aux cris de : « Vive l'armée ! Vive la France ! »

Le Petit Journal

Le Petit Journal — 5 centimes — SUPPLÉMENT ILLUSTRÉ — 5 centimes — ABONNEMENTS

DIMANCHE 24 JANVIER 1904

DRAME SANGLANT DANS UNE MÉNAGERIE
La Goulue et son mari aux prises avec un puma

EXPLICATION DE NOS GRAVURES

DRAME SANGLANT DANS UNE MÉNAGERIE

La Goulue et son mari aux prises avec un puma

Vous connaissez, sans doute, l'histoire de cet Anglais flegmatique et narquois, mais amateur d'émotions violentes, qui, durant des jours, des mois, des années même, suivit un dompteur de ville en ville, avec l'espoir de le voir dévorer par ses bêtes. Ce farouche insulaire eût, à coup sûr, éprouvé une fausse joie l'autre soir s'il se fût trouvé à la ménagerie tenue par l'ancienne danseuse réaliste la Goulue et son mari, le dompteur Joseph Droxler, dit José.

José, il y a quelques jours, vit la mort de près : un puma furieux s'était jeté sur lui, le renversant et lui labourant de ses griffes le visage, les cuisses et les bras.

Mais, en digne épouse et en courageuse belluaire, la vaillante Goulue veillait. Sans hésiter, elle pénétra dans la cage et parvint à détourner sur elle la rage du fauve.

Les employés de la ménagerie eurent ainsi le temps d'arriver et, l'un d'eux, armé du revolver que lui passa un agent de service, abattit la bête, tandis que la foule se retirait sans panique, douloureusement impressionnée par cette scène sanglante.

Le Petit Journal

Le Petit Journal 5 Centimes SUPPLÉMENT ILLUSTRÉ 5 Centimes ABONNEMENTS

DIMANCHE 15 MAI 1904

L'ACCIDENT DE ROISSY-EN-BRIE
Automobile broyée par un train

EXPLICATION DE NOS GRAVURES

L'ACCIDENT DE ROISSY-EN-BRIE
Automobile broyée par un train

Un terrible accident, dû à la négligence d'un garde-barrière, vient d'ajouter les noms de six victimes au martyrologe déjà si long de l'automobilisme.

Au passage à niveau des Frêches, sur le territoire de Roissy-en-Brie, près de la station d'Ozoner-la-Ferrière, une automobile engagée sur la voie ferrée, dont la barrière n'avait pas été fermée, a été tamponnée et mise en miettes par le train rapide de Paris-Bâle.

L'accident tient à ce fait qu'à cet endroit la voie du chemin de fer, qui fait un angle aigu avec la route, est masquée par quelques maisons particulières et par la maison du garde-barrière.

Lorsque le conducteur de l'automobile a pu apercevoir le train, il était à 5 mètres à peine de la barrière et la locomotive n'était pas à plus de 20 mètres du passage.

La collision était inévitable.

Elle fut terrible. La machine du train, dont le poids est considérable, emporta l'obstacle comme un fétu de paille, le disloquant et l'écrasant sous le choc. Les voyageurs furent tués sur le coup. On releva une des victimes

Jacques Wolgensinger, après Sciences-Po et des études de lettres, travaille d'abord dans un quotidien, *Les Dernières Nouvelles d'Alsace*, dont il gravit divers échelons de responsabilité. En 1957, il entre chez Citroën pour y créer une direction de la communication. Il dialogue alors pendant trente ans avec les représentants de tous niveaux de la presse écrite, parlée et télévisée du monde entier. Il est le seul à qui l'Association française de la presse automobile ait remis deux fois sa médaille d'or de l'Information. Auteur de plusieurs ouvrages, dont *L'Epopée de la croisière jaune* (Folio junior, Gallimard), il a reçu en 1975 le prix Broquette-Gonin de l'Académie française pour *Raid Afrique* (Flammarion).

*A la mémoire
de Jean Teichmann
et de Roger Stock
qui m'ont appris
le journalisme*
                    J. W.

*1er Dépôt légal : octobre 1989
Numéro d'édition : 56532
Dépôt légal : septembre 1992
ISBN : 2-07-053086-8
Imprimerie Kapp-Lahure-Jombart
à Évreux*

L'HISTOIRE À LA UNE
LA GRANDE AVENTURE
DE LA PRESSE

Jacques Wolgensinger

DÉCOUVERTES GALLIMARD
HISTOIRE

Sous le règne de Louis XIII, Théophraste Renaudot publie «La Gazette». C'est l'acte de naissance de la presse moderne. «En une seule chose ne le céderai-je à personne : en la recherche de la vérité, de laquelle néanmoins je ne me fais pas garant.» Renaudot définit ainsi, dès 1631, le journalisme et ses limites. Pendant trois siècles et demi, la presse poursuivra la vérité, sans pour autant prétendre à écrire l'histoire.

CHAPITRE PREMIER

DU TAM-TAM À LA GAZETTE

La circulation des nouvelles a été assumée dès le XVIe siècle par les colporteurs, puis par les vendeurs à la criée. Bien que surveillés de près par le pouvoir, ils développèrent la clientèle de la presse en train de naître.

Avant même de se mettre debout, l'homme eut besoin d'informations sur le monde qui l'entourait. Des millions d'années plus tard, les moyens techniques le permettant, la presse devait répondre à ce besoin. Sa fonction est d'annoncer les événements, d'en donner la description la plus exacte et la plus récente possible. Ces nouvelles servent au lecteur à orienter ses actions, mais elles lui procurent aussi le plaisir de découvrir, de connaître et d'être étonné.

D'une certaine manière, les aèdes de la Grèce antique, les trouvères du Moyen Age, les griots africains, les crieurs publics, furent les ancêtres des journalistes modernes.

D'abord verbale, la transmission des nouvelles a été organisée de diverses manières à travers le monde : signaux de fumée des Peaux-Rouges, tam-tams africains, réseaux de pigeons voyageurs dans les Etats musulmans du Xe siècle ou les 200000 coursiers de la poste de l'empereur mongol, dont parlera Marco Polo trois siècles plus tard.

Cinquante ans avant notre ère, les journaux romains «acta diurna» paraissent à 10000 exemplaires chaque semaine

La première annonce écrite date de trois mille ans avant Jésus-Christ. Il s'agit d'un papyrus de Thèbes offrant récompense pour la capture d'un esclave fugitif.

Mais les premières publications méritant le nom de journal, parce qu'elles présentent à la fois les caractères de variété, d'actualité et de large diffusion des informations, sont les *acta diurna* (actes du jour) des Romains. Distribués dans les lieux publics et les boutiques, envoyés aux quatre coins de l'empire, ils publient faits divers, événements sensationnels, mariages, naissances, décès, nouvelles militaires, chroniques théâtrales et sportives, que rédigent au jour le jour les premiers journalistes, les *diurnarii*. Caius Salluste, protégé de Jules César, est rédacteur

Le célèbre coureur de Marathon fut l'un des premiers grands reporters de l'histoire. Il en est mort d'ailleurs, épuisé après avoir parcouru à pied plus de quarante kilomètres d'une traite afin d'annoncer aux Athéniens la victoire de leur stratège Miltiade sur les troupes des envahisseurs perses de Darius le Grand, deux fois supérieures en nombre. L'exploit de ce valeureux correspondant de guerre sacrifiant sa vie à l'acheminement d'une information montre qu'on avait déjà compris, il y a vingt-cinq siècles, que l'intérêt d'une nouvelle est directement proportionnel à la rapidité de sa transmission. C'est pourquoi la presse a grandi en même temps que progressaient les moyens de communication.

D'abord seulement jongleurs, musiciens et chanteurs, ils se mirent au XIIᵉ siècle à composer des ballades et à conter des histoires. On les appela trouvères en langue d'oïl dans le Nord, troubadours en langue d'oc dans le Midi. Ainsi devinrent-ils les chroniqueurs du Moyen Age, allant de château en château réciter et chanter poésies lyriques, «sirventès» politiques et satires des mœurs, amours courtoises ou champêtres, mais aussi grands et petits événements.

en chef d'une de ces publications, le *Commentarius Rerum Novarum* (Chronique des nouveautés), hebdomadaire dont 300 esclaves scribes recopient 10000 exemplaires par édition.

Héritiers lointains des «acta diurna», les écrits à la main commencent à se répandre en Europe à partir du XIIIᵉ siècle

La fortune d'un négociant dépend des renseignements dont il dispose. Au fur et à mesure du développement de leurs affaires, les commerçants de la fin du Moyen Age, les banquiers lombards et les marchands de la Hanse teutonique prirent l'habitude d'informer des principaux événements politiques et économiques leurs correspondants et leurs comptoirs dans les grandes places d'échange par des feuilles manuscrites appelées *avvisi* en Italie, *Zeytungen* en Allemagne.

A partir du XIIᵉ siècle, les *avvisi* circulent entre les cités marchandes d'Italie, les ports de la Hanse de la Baltique, les grandes villes carrefours… Cela devait durer cinq siècles, jusqu'à l'apparition des premiers journaux.

La diffusion de ces «nouvelles à la main» à partir des grands centres d'échange (Venise, Anvers, Francfort, Lyon...) devint bientôt systématique et fut favorisée par la naissance des postes modernes et l'amélioration de la fabrication du papier. Mais c'est l'imprimerie qui va constituer l'étape essentielle de l'évolution des supports d'information.

La révolution Gutenberg ouvre l'ère de l'information écrite en Occident

Alors que depuis longtemps les Chinois avaient découvert le papier, l'encre, l'imprimerie, et que dès l'an 800, sous la dynastie des T'ang, Pékin avait eu son mensuel imprimé, le *Kai-yuan tsa-pao* – qui deviendra hebdomadaire en 1361, quotidien en...

Une imprimerie vers 1630, l'époque des premiers journaux. Au fond, deux typographes devant les casses où se trouvent les caractères en alliage de plomb et d'antimoine. Au premier plan, la presse, où le maître imprimeur examine une feuille de papier qui vient d'être imprimée, tandis qu'à côté de lui son aide encre, avec des tampons de cuir garnis de feutre, la forme imprimante.

1830! –, l'Occident ne connut la typographie que dans les années 1430, lorsque, quasi simultanément, le Hollandais Laurens Janszoon et le Mayençais Johannes Gensfleisch dit Gutenberg découvrirent comment assembler des caractères mobiles pour imprimer des textes sur le papier, provoquant ainsi une révolution technique dont les conséquences furent considérables.

Du fait divers plus ou moins véridique au sensationnel plus ou moins inventé

Dès lors commencèrent d'apparaître de minces brochures traitant, sans périodicité, d'événements particuliers : les «occasionnels». Imprimés en petit format sur papier grossier, ils étaient accompagnés de gravures sur bois ; souvent la même pour des événements différents et sans rapport réel avec les faits relatés. C'est ainsi que la crue de la Seine en 1579 est illustrée par une vue de Venise en 1480 ; quant à la comète de 1618, elle est représentée par une étoile de mer...

Vendues à la criée dans les villes et par des colporteurs dans les campagnes, ces nouvelles évoquaient les affaires de la Cour, les campagnes militaires et des cataclysmes naturels – inondations, tempêtes, tremblements de terre – ou des prodiges qui l'étaient moins : monstres, miracles, diables et sorciers.

La recherche du sensationnel y était de règle et les titres s'attachaient à mettre en valeur, à grand renfort d'adjectifs, toujours les mêmes, le merveilleux comme l'effroyable.

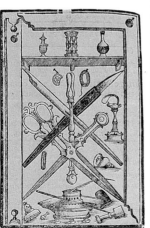

Ci-dessus, la presse de Gutenberg, telle que celui-ci la mit au point entre 1436 et 1440 à Strasbourg. La platine portant la feuille de papier est pressée par une vis centrale contre la forme, aux caractères enduits d'encre. Gutenberg considérait son invention comme un avatar normal de l'écriture et non comme l'extraordinaire révolution qu'elle constituait. En fait, la presse typographique, qui restera inchangée dans son principe pendant cinq cents ans, se situe à une distance interstellaire de la panoplie du parfait copiste (à gauche), qui permettait aux scribes les plus rapides d'écrire à peine quatre in-folio par jour. L'Eglise conserva le monopole de cet exercice jusqu'au XIIe siècle.

ASSASSINA[T]

De la fille Anne PINSON.

Découverte du plus épouvantable crime, commis à Bazas par quatr[e] personne d'une domestique d'auberge.---Vol d'une somme de 900 [fr.] les coupables à commettre ce crime. -- Détails curieux sur la féro[cité]

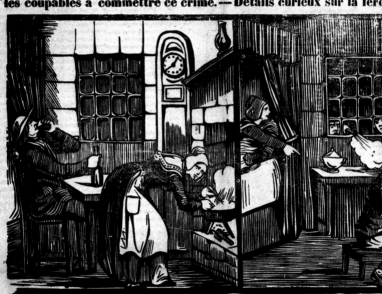

» La découverte d'un crime des plus épouvantables, et tel que nos fastes judiciaires n'en ont jamais enregistré de pareil, jetait, il y a quelques jours, la consternation et l'effroi dans la ville de Bazas. Une circonstance insignifiante en apparence est venue mettre inopinément la justice sur les traces des auteurs de ce lugubre forfait, dont la perpétration remonte aux derniers mois de 1851.

» Voici les renseignements qui nous ont été donnés à ce sujet par de nombreuses personnes habitant la ville de Bazas. Plusieurs versions ont, il est vrai, circulé sur les détails de cet horrible événement, mais toutes s'accordent sur les circonstances principales qui ont présidé à son accomplissement. Nous nous rendons ici l'écho de la rumeur publique en consignant dans nos colonnes les faits qui suivent:

» Vers la fin du mois d'octobre 1851, un vol de 900 fr. fut commis au préjudice de M. Mano, avoué à Bazas, et à son domicile. Les auteurs de cette soustraction, qui paraissent être les nommés B. et sa femme, aubergistes, R., propriétaire, et X., domestique de M. Mano après l'accomplissement du crime, se retirèrent dans une auberge située sur la route de Bazas, à peu de distance de la ville, et s'y firent servir à déjeuner. Cette auberge, mal famée dans le pays, était tenue par les époux B.,

voleurs. Annette connaissait les auteurs du vol, elle pouvait le dénoncer à la justice. Il fallait à tout prix faire disparaître les seules preuves de la culpabilité en ensevelissant avec Annette le secret de leur crime. La mort de cette fille fut dès cet instant résolue.

» Cependant, la nouvelle du vol commis au préjudice de M. Mano s'était rapidement répandue dans la ville, et la gendarmerie s'était mise à la recherche des malfaiteurs. Elle s'était transportée dans l'auberge des époux B. pour procéder à une perquisition. La réputation défavorable de cette auberge, espèce de Lupanar, autorisait les soupçons de l'autorité et la visite de la gendarmerie. Certaines indications assez précises nécessitèrent l'arrestation de l'un des coupables, qui fut conduit en prison.

» Toutefois, la fille Annette avait disparu de la maison des époux B... Qu'était-elle devenue? Nul ne le savait. Aux questions qui lui étaient adressées à ce sujet, l'aubergiste répondait qu'Annette était allée chez ses parens, y avait passé quelques jours, puis s'était dirigée vers l'Angleterre.

» Plusieurs mois après le vol commis chez M. Mano, une rumeur étrange circula dans la ville de Bazas et se propagea de bouche en bouche avec la rapidité de l'éclair; on avait découvert le mystère qui cachait la disparition [...]

l'horrible scène du meurtre d'Annette dans les termes suivants:

» Un soir, c'était le lendemain du jour où le vol avait été commis, étant dans la maison, j'entendis un grand cri qui partait de l'étage supérieur; je montai aussitôt, et, entr'ouvrant la porte, je vis sur le lit le corps d'Annette sans mouvement; je voulus pénétrer dans ma chambre, mais une des personnes qui étaient dedans, R..., me repoussa en me disant : « Nous n'avons pas besoin de toi ; voilà quatre sous, va-t-en d'ici! » Je descendis.

» Plus tard, dans la nuit, le cadavre de la domestique fut descendu, et ceux qui l'avaient assassinée agitèrent la question de savoir ce qu'il fallait en faire. Un d'eux ouvrit l'avis de l'enfermer dans une cavité pratiquée dans le mur; mais un autre n'approuva pas le conseil, objectant que la justice pourrait s'apercevoir que le mur était fraîchement reconstruit ; du reste, ajouta-t-il, le cadavre exhalerait une odeur infecte qui nous trahirait inévitablement. On adopta à la fin un dernier parti ; ce fut de dépecer le cadavre, de le désosser, de faire bouillir les chairs dans une chaudière, et de les donner en pâture aux pourceaux de l'auberge; ou en ferait en même temps calciner les ossements, et, de cette manière, en anéantistant complètement nos restes de la victime, nous

ssassins sur la
es. qui amena
des coupables.

umaine. L'auberge des époux B.. fu:,
jours, l'objet de la curiosité épouvantée
s.

s hommes est désormais commis le soin
bre procès. M. le procureur de la Ré-
gné de M. le juge d'instruction, de la
transporté plusieurs fois sur les lieux
ccompli, Des fouilles ont été opérées
n; on y a découvert les vêtements de
e, des instrumens, et dans les cendre,
t humaine Les cendres ont été soi-
llies pour être soumises à une analyse

ons garantir la parfaite exactitude de
nous venons de donner ; nous les avon,
rumeur publique; mais nous pouvons
es diverses et nombreuses versions qu;
es par les habitans mêmes de Bazas,
que nous avons décrites se sont in-
duites et dans des termes analogues
pris vaguement que la fille Annette,
e rapporter la fin drama;ique, avait
s la ville de Bordeaux. Les recherch,
s sommes livrés, dans le but d'établir

VOLS ET CRIMES EPOUVANTABLES

DETAILS EXACTS

«Canards» au sang

F euille imprimée narrant par le texte et l'image un fait extraordinaire, destinée à la vente par colportage, le canard régna sur la clientèle populaire pendant près de quatre siècles, avec un apogée au XIXe siècle. Imprimé presque toujours sur le seul recto d'un papier de médiocre qualité, il comporte obligatoirement, au-dessus du texte, un titre, un sous-titre et une illustration. Le titre, court, joue sur des mots clefs tels que «crimes», «vols», «assassinats», «prodiges», le plus souvent «épouvantables» ou «horribles», sur lesquels sont promis des «détails intéressants» ou «curieux», en tout cas «exacts». Le sous-titre est construit comme la harangue d'un bonimenteur cherchant à attirer la foule. Il résume l'essentiel de l'action en mettant en valeur ses péripéties les plus palpitantes. Pour en apprécier toute la saveur, il faut le déclamer à haute voix ainsi que le faisaient les colporteurs. La technique des titres et l'analyse sémantique qu'on pourrait faire du vocabulaire diffèrent peu de ce qui est pratiqué de nos jours dans la presse dite «à sensation».

Un art du fait divers

L' image gravée sur bois constitue une partie essentielle du canard. Ces gravures étaient l'œuvre de spécialistes qui dessinaient des attitudes stéréotypées et des scènes passe-partout pouvant servir à plusieurs histoires, quitte à procéder à quelques retouches de détail. Garson est le plus connu des ces artistes du fait divers. Le dessin de gauche (de 1835) est un bon exemple de sa stylisation expressive et de son resserrement de l'action en un seul tableau : l'assassin achève sa victime (acte 1) tandis que – sur le tiers de l'image non reproduit ici – son complice emporte (acte 3) le bas du corps qui a été sectionné (au cours de l'acte 2, seulement suggéré par le détail de la scie). A droite, au contraire, Numa Delalu organise l'histoire en quatre phases, depuis le crime jusqu'à l'arrestation des coupables, mises chacune en scène avec un grand sens de l'effet dramatique : «Détails d'un épouvantable assassinat» (1840), sujet extrait comme souvent d'un compte rendu des assises.

L'exploitation de cette dernière veine conduisit rapidement à la recherche de faits divers plus ou moins arrangés, toujours présentés comme «véritables», agrémentés de détails terribles et baignant dans le sang et l'horreur : «Histoire admirable et prodigieuse d'un père et d'une mère qui ont assassiné leur propre fils sans le connaître». Ces récits, où l'on compte minutieusement les coups de poignard et dans lesquels les filles trahies n'arrêtent pas de nourrir leurs amants du foie de leurs propres

Des monstres de toutes sortes, écailleux, griffus et dentus, de préférence dévorant un homme ou deux, et souvent représentés par le même dessin, firent les beaux jours des imprimeurs qui éditaient les récits «horrifiques et véritables» des méfaits qu'on leur prêtait. Certains de ces canards, qui commencèrent à se répandre dans toute l'Europe à partir de 1530, relataient des phénomènes naturels; ainsi l'imprimé ci-contre, paru en Allemagne en octobre 1580 : «Souvenir et avertissement sur la comète qui brille en ce moment.» Les comètes et leur nature mystérieuse faisaient peur. On y voyait l'annonce de catastrophes, voire de la fin du monde. L'auteur de ce dessin d'une brûlante actualité représente la sienne au centre du ciel et prend soin d'écrire «ascension» dans la marge de gauche, «descente» dans la marge de droite, «midi» au-dessus, «minuit» en dessous, ce qui laisse penser que cet imprimé, comme beaucoup d'autres, était expliqué et commenté au public par les colporteurs qui le vendaient.

enfants, prendront le nom de «canards» et resteront populaires jusqu'au début du XXe siècle.

Les temps changent : à l'aube du XVIIe siècle, le public est affamé de nouvelles vraies

L'ancêtre des périodiques est le *Kalendrier des bergers*. Fondé en 1491, il sera édité pendant deux siècles et largement imité.

Liste des fêtes, phases de la lune, anecdotes, prières, recettes, conseils médicaux, planches illustrées, histoires lestes, prophéties – en 1550 paraît *L'Almanach de Nostradamus* – sont les matières dont traitent principalement les almanachs.

Cependant, ni ces annuels ni les occasionnels ne répondent à l'évolution des mentalités et à la soif de connaître qui marquent le XVIe siècle. Tout a changé, tout change. Christophe Colomb, Vasco de Gama, Cortés, Pizarre, Jacques Cartier, Magellan, Walter Raleigh redessinent la carte du monde. Copernic, Galilée réinventent l'univers; Luther et Calvin la religion; Rabelais, puis Montaigne, bientôt Cervantès et Shakespeare, la littérature; Léonard de Vinci, Michel-Ange, Raphaël, Holbein, Dürer, la peinture...

Pour suivre l'actualité, il faut des publications plus rapprochées que celles des almanachs, un sommaire plus étoffé que celui des occasionnels

L'idée est dans l'air. La variété : depuis 1604, un annuel de Francfort, le *Mercurius Gallo Belgicus*, regroupe des extraits d'occasionnels et de canards (créant ainsi

Les «occasionnels» rapportaient les événements d'actualité. Ci-dessus : l'entrée de Louis XII à Paris, le 2 juillet 1498. Parfois, les nouvelles étaient tragiques, comme l'assassinat du duc de Guise, chef du parti catholique, par les Quarante-Cinq, garde privée d'Henri III, le 23 décembre 1588. L'annonce de sa mort par les colporteurs (ci-contre) sema la consternation et suscita une opposition qui s'exprima dans des «libelles» parfois très violents.

la «revue de presse»). La périodicité : en 1597, un premier mensuel paraît à Augsbourg. En 1605, Abraham Verhoeven lance à Anvers, en édition bilingue français-flamand, le *Wettlijcke Tijdinghe* à parution bimensuelle. D'autres titres sont publiés régulièrement à Strasbourg, Bâle, Berlin, Prague, Amsterdam. En 1622, Nathaniel Buttler fonde à Londres l'hebdomadaire *Weekly News...* C'est parti !

A Paris, Jehan Martin, imprimeur, et Louys Vendosme, libraire, publient les *Nouvelles ordinaires de divers endroits.* Vont-ils créer le premier hebdomadaire français ? Ce serait compter sans la combativité d'un très insolite personnage.

Théophraste Renaudot : un jeune médecin qui ne manque pas d'idées

Né à Loudun en 1586, dans une famille protestante, Renaudot n'est pas beau. Il est même carrément laid, avec un nez camus enfoncé dans le visage, de gros yeux exorbités et une complexion squelettique. Mais il est observateur, curieux de tout, ingénieux et intelligent. Il fait sa médecine à Montpellier. Docteur à dix-neuf ans, il doit attendre l'âge légal pour exercer. Alors il voyage : Strasbourg, Anvers, Amsterdam, Florence, Venise. Dans cette ville, il achète pour une *gazzetta*, petite pièce de monnaie, les *fogli avvisi* qui y sont vendues. Il s'en souviendra plus tard. Rentré à Loudun, il rédige un *Traité des pauvres* et l'adresse à Richelieu. Il faut savoir qu'il

March 2.   Numb. 11.

THE
CONTINVATION
OF OVR WEEKLY
Newes, from the 24.of *February*
to the 2.of *March.*

*wherein is contained the present state of Count Mans-
feld's Armie. The preparation of the Prince of* Orange,
with the continuation of the siege of Breda.
The late surprisall of the Towne of Soest *by the Colonell*
Gent.
The warre-like preparations of Bethlem Gabor *, being
aided by the Grand Signior.*
With the invasion of the Count of Thurne in Germany.
*As also the proceedings which were lately made by the
French forces in* Veltoline.
*Besides the great contributions which haue beene giuen to
the King of Spaine to maintaine the warres. With diuers
other particulars.*

From Rome, Venice, Naples, Millan, Sauoy,
Germany, France, Denmarke, the Low-Coun-
tries, and diuers other places of
Christendome.

Printed at London for *Mercurius Britan-
nicus.* 1625.

En Grande-Bretagne, la curiosité suscitée par les péripéties de la lutte des catholiques, des puritains et du Parlement contre la royauté, ainsi que l'expansion commerciale et coloniale sous le règne d'Elisabeth, favorisèrent l'éclosion de périodiques comme celui-ci. La première page est tout entière consacrée à des informations guerrières : on se bat, ou on s'y prépare, un peu partout !

Lorsque Michel Lasne fit ce portrait, en 1644, Renaudot venait de se voir interdire d'exercer la médecine à Paris. La Faculté refusait le diplôme qu'il avait obtenu à Montpellier quarante ans plus tôt !

est au mieux avec le père Joseph, Eminence grise de l'Eminence rouge. Cela aide : Théophraste est nommé médecin ordinaire du roi, puis commissaire général des pauvres. Il reçoit privilège de tenir bureau et registres d'adresses. En 1629, après s'être fait catholique, il ouvre à Paris un «bureau d'adresses et de rencontres» à l'enseigne du Grand Coq. C'est une sorte d'agence de petites annonces. On y cherche une compagnie pour aller en Italie, un locataire pour une chambre, un acheteur pour un collier d'améthystes ou un jeune dromadaire. On y parle aussi, bien sûr, on y échange des potins, des anecdotes. Quel dommage que la diffusion en soit si limitée !

C' est à son bureau d'adresses, de placement et de rencontres (semblable à celui représenté ci-dessous) que Renaudot dut l'idée d'un journal périodique. Les annonces étaient affichées mais aussi

30 mai 1631, premier numéro de «La Gazette», par privilège exclusif du roi

Le 30 mai 1631, Renaudot obtient à perpétuité et en exclusivité, pour lui et ses enfants, privilège royal de «faire imprimer et vendre par qui et où bon leur semblera les nouvelles, gazettes et récits de tout ce qui s'est passé et se passe tant en dedans qu'au dehors du royaume». Le même jour, il fait paraître le premier numéro, hebdomadaire, de *La Gazette*, quatre pages 22 x 16 cm, où l'on apprend notamment que «le roy de Perse avec 15000 chevaux et 50000 hommes assiège Diele, à deux journées de Babylone».

Le même jour ou presque, Martin et Vendosme, qui publient depuis plusieurs semaines leurs *Nouvelles ordinaires de divers endroits*, font demander par le syndic des imprimeurs annulation du privilège de Renaudot, arguant de leur antériorité. Funeste erreur : le Conseil du roi confirme l'exclusivité de Renaudot.

rédigées sur feuilles volantes. Pourquoi ne pas en faire le service à des abonnés? Pourquoi ne pas y joindre quelques-unes de ces nouvelles dont on parlait tant dans ce lieu de passage et de discussion? Richelieu comprit d'emblée l'importance d'une telle publication. Marie de Médicis et Louis XIII se rallièrent à son avis.

Style aigu, sens de l'information et de l'actualité, Renaudot fixe la physionomie de la presse naissante

Seul maître du terrain, il va pouvoir façonner son journal comme il l'entend. Il invente l'éditorial, la publicité, le numéro spécial (les «extraordinaires») et les suppléments, préfère systématiquement les faits aux commentaires. Chaque information porte une date et une mention d'origine. En vrai journaliste, il a aussi le souci de serrer l'actualité au plus près : chaque semaine, il attend le dernier moment et «boucle» son journal en quatre heures, «brièveté du temps, dit-il, que l'impatience de votre humeur me donne».

Le succès est grand, au point que toute sa vie – c'est-à-dire jusqu'en 1653 – Renaudot devra se battre

Sur les instances de Richelieu, Renaudot s'était entouré d'un conseil de rédaction composé des meilleurs esprits du temps : La Calprenède, ex-garde du corps de la Reine, auteur célèbre de romans précieux, l'historien Eudes de Mézeray, qui s'habillait en vagabond, le fin diplomate Guillaume de Bautru, le mignon et spirituel académicien Vincent Voiture. Il les écoutait, mais il n'est pas une ligne de *La Gazette* qui n'ait été écrite ou corrigée de sa main.

contre les contrefacteurs. Si Vauban raille *La Gazette* et les «ridicules relations qu'elle imprime», de grands auteurs classiques, Molière, Boileau, La Bruyère, applaudissent. Le tirage atteint 1200 exemplaires en 1638.

Le docteur Renaudot a bien d'autres activités : il est historiographe du roi, édite un répertoire de 500000 adresses, invente le mont-de-piété, se marie trois fois, fonde un laboratoire de recherches chimiques, polémique en faveur de la théorie de la circulation du sang contre les traditionalistes, ouvre un cabinet de consultation gratuite, ce qui lui vaut d'être assigné pour exercice illégal de la médecine par la Faculté de Paris, dont le doyen, Guy Patin, lui voue une haine majuscule et l'appelle «Cacophraste Renaudot, ce nez pourri de gazetier, ce fripon hebdomadaire».

GAZETTE

GAZETTE

NOUVELLES Ordinaires du septiesme Ianvier 1634.

De Dantzic, le 2. Decembre 1633.

On escrit de Varsaw que le Bacha Abazy est entré dans la Pologne le 2. du passé avec 80000. Turcs, qu'il a ramassez de la Valachie, Moldavie, Tartarie, & autres païs sur le Danube, contre l'accord fait il y a 12. ans pres de Chochimo, entre le grãd Seigneur & le Seigneur Lõmers...

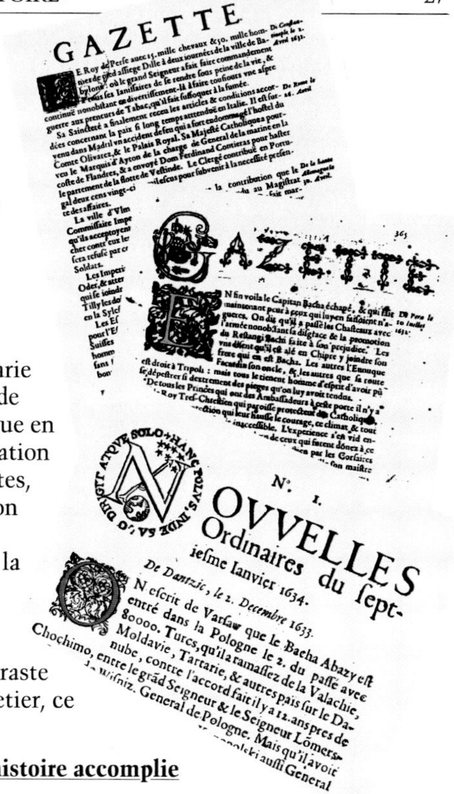

«Je ne vous donne pas ici une histoire accomplie mais de l'étoffe pour la faire»

Sur le journalisme, Renaudot s'explique; il ne construit pas l'histoire, il rapporte des faits : «L'histoire est le récit des choses advenues. La gazette seulement le bruit qui en court. La première est tenue de dire la vérité. La seconde fait assez si elle empêche de mentir.» Comme on voit, Théophraste avait le sens des nuances, si essentiel pour un journaliste. Pour lui, l'information prime sur les opinions. Quand, pendant la Fronde, Renaudot suit avec *La Gazette* Mazarin et la Cour à Saint-Germain-en-Laye, il prend soin de laisser ses deux fils à Paris pour qu'ils y éditent un *Courrier français* opposé au Premier ministre et favorable au Parlement. La presse au-dessus des partis!

Ci-dessus, en haut, le premier numéro de *La Gazette,* qui commençait fièrement par des nouvelles de la lointaine Constantinople, datées seulement du mois précédent. Au milieu : *La Gazette* un an plus tard; le style en est plus libre et plus assuré. En bas : les fameuses *Nouvelles ordinaires* dont Renaudot n'hésita pas à reprendre le titre dès novembre 1631.

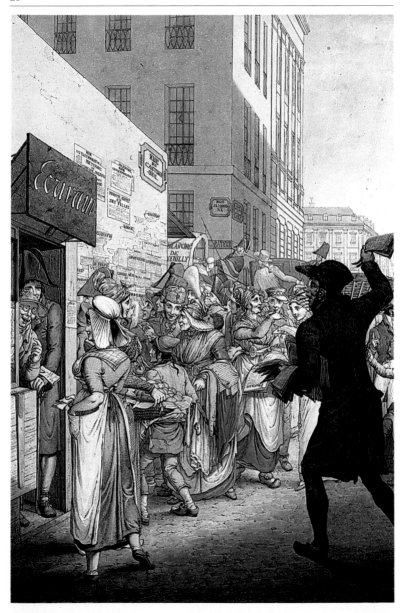

Droits de timbre et de censure contre liberté d'expression, organes officiels contre journaux clandestins : à peine née, la presse doit faire face au pouvoir politique qui s'en méfie et veut la contrôler par la douceur ou par la force. De Louis XI à la troisième République, il ne faudra pas moins de trois révolutions pour faire un choix entre l'objectivité des faits et la facilité des partis pris.

CHAPITRE II
LA PRESSE ET L'ÉTAT

Aux XVIIIe et XIXe siècles, la curiosité pour les nouvelles atteint toutes les couches de population; les crieurs de journaux animent la rue. Sous l'Empire et la Restauration, les gazettes seront scrutées par toutes sortes de lecteurs, y compris les exempts de police qui les surveilleront de près (ci-contre, caricature de 1815).

La presse n'était pas encore née que déjà le pouvoir politique avait compris quelle arme elle représentait et combien, en conséquence, il importait de la contrôler de très près. Quelques décennies à peine après l'invention de Gutenberg, Louis XI impose aux imprimeurs français l'obligation du privilège royal avant toute édition nouvelle.

Au début du XVIe siècle, François Ier et Charles Quint se livrent une véritable guerre de propagande par feuilles imprimées interposées. Avec les guerres de Religion, le nombre et la virulence des pamphlets s'accentuent, du côté protestant comme du côté catholique. En 1561, après le «tumulte» d'Amboise, au cours duquel les Réformés qui projetaient de soustraire le jeune roi François II à l'influence du parti catholique se heurtèrent aux troupes royales, la répression devient sévère, les ordonnances du Parlement se succèdent : «Tous semeurs de placards et libelles diffamatoires seront punis du fouet la première fois, de la vie si récidive.» Un imprimeur est brûlé à Paris, un autre écartelé à Tours. Rien n'y fait; inspirée par les princes de Guise, la Ligue des catholiques s'en donne à cœur joie, multiplie les feuilles séditieuses, d'abord contre les protestants, bientôt contre Henri III. Les crieurs publics en rajoutent, brodant sur les titres…

Au milieu du XVIIe siècle, les pamphlets des Frondeurs contre le cardinal Mazarin prirent toutes sortes de formes. La bande dessinée ci-dessous, sans doute l'une des premières dans l'histoire de la presse, est intitulée «Récit véritable du duel arrivé entre deux sœurs proches de Bordeaux, l'une pour avoir pris le parti et défendu la Fronde et l'autre l'Epée, dont l'avantage a été remporté par la belle Frondeuse», suite gravée sur bois qui tient à la fois de la relation de fait divers et de l'apologue politique. Que le duel ait eu lieu à Bordeaux n'est pas indifférent : cette ville a été la plus frondeuse de France, la dernière à faire sa paix avec le pouvoir royal.

«Seuls les ministres savent distinguer les choses qui doivent être tues et celles qu'il faut donner au public»

Henri IV, Richelieu, à leur tour, doivent affronter cette guerre psychologique. En 1626, un édit renouvelle la «défense d'imprimer sans autorisation du Conseil». A Renaudot qui détient cette rare autorisation comme un monopole, le Cardinal fait part de ses recommandations. Sous le régime de la royauté absolue, seuls le souverain et ses ministres décident de ce qui peut être dit. Puis c'est la Fronde. On ne rit plus. Ou plutôt on rit trop. En deux ans à peine, on dénombre plus de 4 000 écrits s'en prenant à Mazarin qu'on brocarde en prose, en vers et en chansons dans les «mazarinades». Certaines sont tirées à plus de 5 000 exemplaires. Côté pouvoir, on laisse passer le vent. Puis on réagit. Les interdictions vont se multiplier, les sanctions s'alourdir.

Mazarin devant les émeutiers de la journée des Barricades pendant la Fronde, le 26 août 1648.

Le pouvoir royal limite à trois le nombre de journaux, mais la curiosité du public suscite la création de nombreux périodiques spécialisés

De même que Richelieu et Marie de Médicis ont favorisé la naissance de *La Gazette de France,* qui conservera jusqu'en 1789 le monopole des nouvelles politiques intérieures ou extérieures, Colbert et Louis XIV vont patronner celle du *Journal des savants,* hebdomadaire fondé en 1666 avec la mission de relater les travaux en mathématiques, sciences, histoire, belles-lettres, théologie. D'abord confié à Denis de Sallo, un magistrat érudit, il fut ensuite dirigé par l'abbé Gallois, à l'impressionnante culture – philosophe, théologien, physicien, mathématicien, linguiste (il parlait dix langues) –, qui en fit un véritable bulletin scientifique.

Le troisième titre autorisé fut *Le Mercure galant,* premier représentant des magazines de divertissement, créé en 1672 par Donneau de Visé, lorsqu'il reprit et transforma le recueil annuel de ce nom fondé en 1605 par le père Joseph. Chaque numéro trimestriel comportait quelque 300 pages d'articles littéraires, mais aussi de chroniques mondaines, d'échos et de variétés, de chansons, d'énigmes, de charades. En 1724, *Le Mercure galant* devient *Le Mercure de France,* mensuel édité sous le contrôle du ministère des Affaires étrangères. Durant le règne de Louis XIV, le monopole de ces trois publications fut maintenu, mais dans toutes sortes de domaines, le public manifestait une vive curiosité. Pour y répondre, une presse

MERCURE
DE FRANCE,
DÉDIÉ AU ROI.
OCTOBRE. 1750.

À PARIS,
ANDRÉ CAILLEAU, rue Saint Jacques, à S. André.
La Veuve PISSOT, Quai de Conty, à la descente du Pont-Neuf.
JEAN DE NULLY, au Palais.
JACQUES BARROIS, Quai des Augustins, à la ville de Nevers.

M. DCC. L.
Avec Approbation & Privilège du Roi.

Libre ou prisonnier il est le triomphe de la verité des miracles.

FRONTISPICE
POUR LES NOUVELLES
Ecclésiastiques
DE L'ANNÉE
1738

Jean Donneau de Visé, ancien «nouvelliste à la main», à l'entregent et à la plume faciles, associé à Thomas Corneille, frère de l'auteur du *Cid,* fit du *Mercure galant* un journal récréatif. *Le Mercure,* devenu *de France* en 1724, compte en 1750 2000 abonnés. Il en aura 15000 en 1788, après avoir fusionné avec *Les Mémoires historiques* de Mallet du Pan, qu'on appellera l'«oracle de l'Europe» pour la pertinence de ses analyses politiques.

Dans la querelle religieuse qui rebondit sous Louis XV, *Les Nouvelles ecclésiastiques,* créées en 1728, ont soutenu les Jansénistes contre *Le Journal de Trévoux* fondé par les Jésuites.

spécialisée se développa : *Le Journal de la musique*, *Le Journal encyclopédique*, *Le Journal de la médecine*, *Le Journal des dames*, *Le Journal du commerce*, *Les Nouvelles ecclésiastiques*, *Le Spectateur français* de Marivaux, *L'Année littéraire* de Fréron, aux critiques et aux sarcasmes redoutés, ennemi mortel de Voltaire.

Les écrits clandestins sont distribués, lus et commentés partout

Monarque absolu, Louis XIV entend que la seule presse existante soit celle qu'il autorise. A condition, dit-il, qu'elle n'omette point «d'orner une bonne nouvelle, non plus que d'en adoucir une mauvaise». Comme sa mère, il se méfie – Anne d'Autriche détestait jusqu'au très officiel Théophraste Renaudot. Une réglementation tatillonne surveille de près tous les stades de l'imprimerie et de l'édition. Mais les informations ni les opinions ne sont des denrées qu'on peut contingenter facilement. Eusèbe, l'un des fils Renaudot, a porté un diagnostic : «C'est une marchandise dont le commerce ne s'est jamais pu défendre et qui tient en cela de la nature des torrents qu'il grossit par la résistance.»

Le renforcement des interdits sur la presse écrite donne une seconde jeunesse aux «nouvelles à la main» qui échappent à la censure. A commencer tout simplement par les lettres. La marquise de Sévigné va s'y illustrer pendant plus de trente ans. Son talent fera de la correspondance un genre littéraire à part entière. Les lettres passent de

L'exquise marquise de Sévigné éclipse par le talent et la vivacité les meilleurs épistoliers du Grand Siècle. Elle n'invente rien, elle observe et raconte comme personne : 1500 lettres, dont plus de la moitié à sa fille bien-aimée, la belle Mme de Grignan. Son intelligence, son style dru et spontané sont la vie même. Sensible, lucide, drôle, elle «donne de l'esprit à qui n'en a pas», disait Saint-Simon.

main en main, surtout si elles traitent de sujets scandaleux. On paye des domestiques pour récolter des nouvelles indiscrètes. Ainsi naît une «petite presse», gazette des salons, friande de potins, de rumeurs, d'échos légers et scabreux. Jean Loret en est le champion : dans *La Muse historique* qu'il rédige pour M\ulle de Longueville, il écrit plus de 400000 vers.

C'est le grand retour des *avvisi*. On embauche des copistes, des distributeurs qui en expédient partout. Pour déjouer la surveillance du Lieutenant de police, on épingle en haut des «nouvelles à la main» les articles les plus compromettants : ce sont les «notes à l'épingle», à détruire aussitôt lues.

On les appelle «gazettes de Hollande», elles viennent de Leyde, d'Amsterdam, de La Haye, d'Utrecht...

Bien sûr, des imprimés circulent aussi. Le roi, en 1684, a beau faire pendre imprimeur et éditeur d'un «poème» illustré dont l'auteur n'allait pas par quatre chemins avec Mme de Maintenon («Voyez cette sainte putain, comme elle gouverne l'empire»), c'est une goutte d'eau dans un océan, bientôt grossi d'une marée venue des Pays-Bas.

Ce sont les gazettes de Hollande. Elles viennent aussi de Suisse, d'Allemagne, de toutes les places où la révocation de l'édit de Nantes a bêtement chassé les protestants. Ils parlent français et ne se privent pas d'écrire et d'imprimer en français. Ces gazettes de contrebande exaspèrent Louis XIV; Michelet y verra même une des causes de la

La *Gazette de Cologne* était une de ces feuilles imprimées en français à l'étranger qui agacèrent tant Louis XIV et Louis XV : les «gazettes de Hollande». Elle était éditée par privilège de l'empereur d'Allemagne, sûrement pas fâché, en cette année 1752, de taquiner un peu le roi de France. Souvent, les articles de ces gazettes n'étaient guère aimables. Ceux de François-Antoine Chevrier, par exemple, dans *La Gazette de Bruxelles* étaient à ce point venimeux que lorsqu'il mourut prématurément, en 1762, la cantatrice Sophie Arnould déclara : «Assurément, il aura sucé sa plume!»

guerre avec la Hollande.
«C'est un mal sans remède»,
constate le prince de Condé.
La France a l'une des
réglementations de la presse
la plus sévère d'Europe, seule
avec l'Espagne, le Portugal et
la despotique Russie. Que
faire de plus?

La province elle aussi réclame des nouvelles, la province elle aussi a du mal à se faire entendre

La création de journaux dans
les provinces bute sur le
monopole du sourcilleux
Renaudot. Plusieurs villes
tournent la difficulté en achetant l'autorisation
de réimprimer *La Gazette* (à Toulouse dès 1673),
Le Mercure (à Bordeaux) ou tout simplement les
annonces que Renaudot édite à part; ces «affiches»
sont reprises à Strasbourg, Lyon, Metz, Reims,
Marseille… Le départ est donné. Sous Louis XV, c'est
à qui aura sa publication locale : *Affiches de*

Privée (ci-dessus)
ou publique (ci-
dessous, aux Tuileries),
la lecture des gazettes
est, à la veille de la
Révolution, passée
dans les mœurs.

Au XVIIIᵉ siècle, de nombreux dévoreurs de nouvelles se retrouvaient chaque jour dans les jardins publics pour y échanger et corroborer les renseignements qu'ils avaient récoltés. L'une des plus fréquentées de ces bourses aux informations était l'«arbre de Cracovie» (ci-contre), un marronnier du Palais-Royal ainsi nommé peut-être parce que beaucoup de «craques» se disaient sous son ombrage ou encore par allusion à la provenance éloignée de certaines rumeurs. Là se réunissaient amateurs accrochés, lecteurs et commentateurs des feuilles officielles comme des «gazettes de Hollande», et professionnels intéressés : rapporteurs stipendiés de bruits divers et «nouvellistes à la main» qui en tiraient matière à chroniques. On reprochait à quelques-uns d'entre eux, journalistes du trou de serrure, de n'être pas très délicats sur les moyens, ainsi qu'une caricature de l'époque (en bas, à droite) fait plus que le suggérer; on y voit l'un de ces espions de la vie quotidienne pêcher en eau trouble dans... un broc de toilette.

Normandie, Annonces d'Aix, Abeille de Lille, Journal de Nîmes, Courrier de Monaco, Gazette de Nice.

La capitale conserve cependant son avance : le premier quotidien français paraît le 1ᵉʳ janvier 1777. C'est *Le Journal de Paris* de Pierre Antoine de La Place : beaucoup d'annonces, peu d'articles.

«Aujourd'hui tout le monde lit et veut lire de tout», note «Le Journal encyclopédique» en 1758

Le «nouvellisme», cette passion de l'information, ce goût pour la discussion, se répand partout. Les cabinets de lecture, les lectures publiques se multiplient; les colporteurs sillonnent les provinces.

Pour tourner la censure, il y a même des «gazetiers à la bouche» qui «parlent» les nouvelles. Ils sont très entourés aux Tuileries, au Luxembourg, ou sur la terrasse des Feuillants, comme le bonhomme Métra. Dans son inusable redingote verte, il s'assied sous un marronnier, toujours le même, et récite, commente les événements. On l'écoute. Louis XVI s'en préoccupe : «Que dit le bonhomme Métra?», demande-t-il. Et certes, le bonhomme ne manque pas d'informations : «Le nombre de gazettes qui se publient aujourd'hui par toute l'Europe est prodigieux», remarque Pierre Bayle; il édite lui-même à Amsterdam les très estimables *Nouvelles de la République des Lettres*. Quant aux «nouvellistes à la main», ils produisent plus que jamais.

Ci-dessus, le salon de la spirituelle Mme Geoffrin, que fréquenta le prince Poniatowski, futur roi de Pologne. Gens de lettres et aristocrates y discutaient avec passion.

A quoi sert, dès lors, de multiplier les censeurs, de renforcer une réglementation devenue inopérante, des contrôles déjà pléthoriques? Beaumarchais s'en prend à eux quand il fait dire à Figaro : «Pourvu que je ne parle ni de l'autorité, ni du culte, ni de la politique, ni de la morale, ni des gens en place, ni des corps en crédit, ni de l'opéra, ni des autres spectacles, ni des personnes qui tiennent à quelque chose, je puis tout imprimer librement, sous la direction néanmoins de deux ou trois censeurs. Pour profiter de cette douce liberté, j'annonce un écrit périodique et, croyant n'aller sur les brisées de personne, je l'appelle *Le Journal inutile*. Pou-ou! Je vois s'élever contre moi mille pauvres diables à la feuille; on me supprime et me voilà derechef sans emploi.» Et il avertit «que sans la liberté d'écrire, il n'est pas d'éloge flatteur, et qu'il n'y a que les petits hommes qui redoutent les petits écrits». Louis XVI trouvera «détestable» *Le Mariage de Figaro*.

Malesherbes, directeur de la Censure, cache des pamphlets dans ses tiroirs et protège Rousseau de la police

A quoi sert, dès lors, de pendre un libraire, encore un, qui a publié sans autorisation, en 1728? A quoi sert d'emprisonner pour délit de presse Marmontel à la Bastille, Diderot à Vincennes, d'enfermer Dubourg dans une cage de fer au Mont-Saint-Michel (où il mourra en 1746)? C'est bien ce que se demande le sage Malesherbes, directeur de la Librairie : «Il n'y a point de loi qui soit exécutée quand une nation tout entière cherche à favoriser la fraude.» En conséquence, ici ou là, chaque fois qu'il le peut, lui, grand patron des censeurs, laisse glisser. Il protège certes les privilèges de *La Gazette* et du *Mercure* pris en charge directement par l'Etat dans les années 1760, mais il permet la publication de l'*Emile* de Jean-Jacques Rousseau.

Dernier journaliste victime de la guillotine, François-Noël Babeuf fut exécuté le 27 mai 1797 pour avoir conspiré contre le Directoire.

Ce qui ne peut s'imprimer est écrit à la main. Ce qui ne peut être écrit est parlé. Ce qui ne peut être parlé est chanté! Nicolas de Chamfort constate : «La France est une monarchie absolue tempérée par des chansons.»

Voltaire interroge : «Comment un peuple peut-il se dire libre quand il ne lui est pas permis de penser par écrit?»

Ceux-là mêmes qui lisent les gazettes ne prisent guère ceux qui les font. Les philosophes ont des avis pour le moins partagés à ce sujet. «La paresse se sent flattée en les lisant» (Montesquieu). «Ouvrages éphémères sans mérite et sans utilité» (Rousseau). «La presse est devenue un des fléaux de la société et un brigandage intolérable» (Voltaire). «Tous ces papiers sont la pâture des ignorants, la ressource de ceux qui veulent parler et juger sans lire» (Diderot).

Mais le même Diderot écrit, à l'article «Journal-journaliste» de l'*Encyclopédie* : «Ce n'est pas assez qu'un journaliste ait des connaissances, il faut encore qu'il soit équitable, [...] qu'il ait un jugement solide et

profond, du goût, de la sagacité, qu'il ne déguise et n'altère rien.» Malesherbes lui-même plaide pour la liberté de la presse!

La liberté de la presse? Mais elle est là! Il suffit à la France de regarder autour d'elle

Tolérance en Hollande, terre d'asile depuis le XVIIe siècle; au Danemark, où le roi Christian VII a aboli la censure; en Allemagne, en Italie, en Suisse, en Belgique. Tolérance en Angleterre, surtout en Angleterre où, dès 1644, Milton a rédigé un *Discours en faveur de la liberté d'imprimer.*

En 1695, le *Licensing Act,* obligation d'autorisation préalable imposée en 1662, a été aboli par le Parlement de Londres, ce qui ouvre un siècle de liberté, il est vrai relative, puisque subsiste le cautionnement et qu'en 1712 un droit de timbre est instauré. Résultat : la presse anglaise est en plein essor et depuis longtemps. Le *Weekly News* a été lancé en 1622. La *London Gazette* est née à Oxford pendant la peste de 1665. En 1702, le *Daily Current* mérite le titre de premier quotidien du monde, soixante-quinze ans avant la parution d'un quotidien en France.

Jacques-Pierre Brissot fut l'un des premiers journalistes guillotinés pendant la Révolution. Il lança en 1789 *Le Patriote français,* quotidien plus informatif que la plupart des publications du moment. Ses comptes rendus des débats de l'Assemblée font de lui un des premiers journalistes parlementaires. Député à la Législative puis à la Convention, il critique les Montagnards, qui l'accusent devant le Tribunal révolutionnaire avec une vingtaine de ses partisans, le 2 juin 1793. Il s'enfuit, est repris, condamné (ci-dessous) et exécuté le 30 octobre 1793.

En 1785 apparaît une feuille qui deviendra rapidement le plus célèbre journal du monde, le *Daily Universal Register* édité par John Walter, rebaptisé le *Times* le 1er janvier 1788.

Malgré la faible densité de sa population, la colonie anglaise d'Amérique du Nord aimerait copier la presse de la métropole, mais elle est très surveillée. Non sans difficulté, Benjamin Franklin publie en 1728 à Philadelphie sa *Pennsylvania Gazette.*

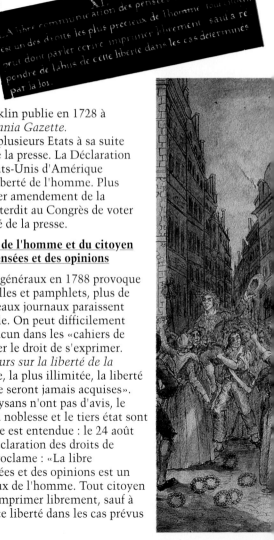

En 1776, la Virginie et plusieurs Etats à sa suite revendiquent la liberté de la presse. La Déclaration de l'indépendance des Etats-Unis d'Amérique proclame inaliénable la liberté de l'homme. Plus spécifiquement, le premier amendement de la Constitution, en 1787, interdit au Congrès de voter des lois limitant la liberté de la presse.

La Déclaration des droits de l'homme et du citoyen proclame la liberté des pensées et des opinions

La convocation des Etats généraux en 1788 provoque la multiplication des libelles et pamphlets, plus de 100 par mois, et de nouveaux journaux paraissent sans autorisation préalable. On peut difficilement solliciter l'opinion de chacun dans les «cahiers de doléances» et lui contester le droit de s'exprimer. Mirabeau écrit son *Discours sur la liberté de la presse*, «la plus invincible, la plus illimitée, la liberté sans laquelle les autres ne seront jamais acquises».

Sur cette liberté, les paysans n'ont pas d'avis, le clergé est réservé, mais la noblesse et le tiers état sont résolument pour. La cause est entendue : le 24 août 1789, l'article XI de la Déclaration des droits de l'homme et du citoyen proclame : «La libre communication des pensées et des opinions est un des droits les plus précieux de l'homme. Tout citoyen peut donc parler, écrire, imprimer librement, sauf à répondre de l'abus de cette liberté dans les cas prévus par la loi.»

De 1789 à 1792, la presse bénéficie d'une liberté pratiquement illimitée

On compte quatre journaux à Paris en 1788, 335 en 1790; 60 périodiques sont distribués dans le royaume en 1788, plus de 500 en 1790. Beaucoup sont bi- ou trihebdomadaires, voire quotidiens, car le régime parlementaire resserre la périodicité des parutions : on se passionne pour ce qui se dit chaque jour à l'Assemblée.

Le tableau ci-dessous est caractéristique du culte que les Sans-Culottes vouèrent à Marat avant et pendant la Terreur. Il est représenté, à gauche, porté en triomphe, couronné de feuilles de chêne, après qu'il eut été acquitté, le 24 avril 1793, par le Tribunal révolutionnaire devant qui les Girondins l'avaient cité. Au centre, un enfant désigne de sa main innocente *L'Ami du peuple,* le journal dans lequel Marat déversait ses déclamations hystériques et d'écœurants appels à la dénonciation et au meurtre. Il fut l'un des principaux responsables des massacres de Septembre. Il soutenait qu'une loi ne devait être observée que lorsqu'elle était favorable au peuple. La Révolution avait inventé la démocratie. Marat inventa la démagogie.

L'article XI ne règle pas totalement la question de la liberté de la presse, dont les abus doivent être définis par la loi. Il faudra en particulier établir qui les jugera : un tribunal spécial de professionnels, comme le réclameront les journaux, ou les chambres correctionnelle ? Le débat durera.

Gravure allégorique de 1789 sur la liberté de la presse. Cette bousculade populaire devant une imprimerie traduit bien l'enthousiasme, la violence et l'extraordinaire multiplication des titres qui caractérisèrent la presse révolutionnaire, impatiente de profiter d'une liberté toute neuve. La presse n'avait pas tort d'en profiter : le 10 août 1792 sera fatal à sa liberté. Nombreux furent les journalistes à qui la Terreur fit payer de leur vie leur indépendance d'opinion : Brissot, Camille Desmoulins, Durozoy, Fabre d'Eglantine, Girey-Dupré, Gorsas, Hébert, Suleau sont les plus connus. Simon Linguet, victime de son humour un peu particulier, fut décapité pour avoir écrit un article sur «le pain, invention dangereuse et nuisible». Après Thermidor et le premier Directoire, le 18 Fructidor (4 septembre 1797) mérita le nom de «Saint-Barthélemy de la presse» par la suppression de 40 journaux, le rétablissement de la censure, l'instauration du timbre; au moins les journalistes ne furent-ils que déportés.

Les plus connus parmi les journaux révolutionnaires sont *Le Patriote français* de Brissot, ennuyeux, modéré, consciencieux, généreux; *Les Révolutions de France et de Brabant* de Camille Desmoulins, un brillant jeune homme, «polisson de génie», dira Michelet. Il commença sa carrière comme avocat bègue, ce qui ne manque pas d'originalité. Ses articles sont une suite de pamphlets violents. C'est lui qui surnomma la reine «l'Autrichienne». Versatile, fantasque, il ne manque pas de panache. Avant d'être guillotiné en 1794, il répondra au tribunal qui l'interroge sur son âge : «J'ai trente-trois ans, l'âge du sans-culotte Jésus quand il mourut.»

Marat, dans *L'Ami du peuple*, pratique chaque jour l'indignation systématique et la surenchère à la violence : «Fallût-il abattre 20000 têtes, il n'y a pas à balancer un instant», écrit-il en 1790. Il va bientôt en réclamer 100000, et peut-être en eût-il demandé plus si Charlotte Corday n'avait interrompu précocement une carrière prometteuse.

Plus démagogique encore, vulgaire et carrément ordurier : *Le Père Duchesne*. Jacques Hébert y pratique un style volontairement excessif et partial : «foutre», «bougre» et «tonnerre de Dieu» toutes les deux phrases. C'est le père Ubu avant la lettre. Cela plaît beaucoup.

Le contraste est grand avec la langue élégante et racée – «le français par excellence», disait Voltaire – d'Antoine de Rivarol, faux noble, fils d'un aubergiste

Je suis le veritable pere Duchesne, foutre!

Oui, foutre, ça ira !
OU LA RÉCEPTION DU
PERE DUCHÊNE
Aux Soldats de CHATEAU-VIEUX; la grande Ribotte qu'ils sont faite ensemble au Fauxbourg Saint Antoine ; l'ordre qu'il a donné de fabriquer dix mille piques d'une nouvelle forme pour foutre le tour aux Mouchards de M. dans Véto & aux Aristocrates qui se disputent à troubler la Fête que le Peuple prépare, & qui aura lieu malgré la Liste civile & les Fripons quelle foudoye.

VIVE les Jacobins, foutre, vive les Sociétés patriotiques ! sans cela que d'Injustices de plus

124

D'août 1793 à août 1796, *Le Tribun du peuple*, dans lequel François-Noël Babeuf signait Gracchus Babeuf, défendit une doctrine proche du communisme, basée sur la suppression de la propriété individuelle.

Jacques Hébert s'empara en 1790 du titre d'une feuille à soldats, *Père Duchesne*, pour en faire une des publications les plus violentes de la période révolutionnaire. Le père Duchesne était un personnage de théâtre de foire incarnant l'homme du peuple (en haut, à droite). Hébert lui donna la parole. Elle est sans-culotte à tous les sens du mot. Les jurons qui s'y succèdent à rythme accéléré, la bassesse des sentiments valurent à leur auteur d'être nommé l'«Homère de l'ordure». Quant au fond, le père Duchesne est pour le peuple et «Sainte Guillotine», contre à peu près tout le reste. Son succès suscita de nombreuses imitations (ci-contre, à gauche : le vrai, qui à partir de 1793 brandit une hache devant un prêtre à genoux; page de droite, au premier plan : un faux).

de Bagnols-sur-Cèze, mais vrai talent, auteur d'un *Discours sur l'universalité de la langue française* primé par l'académie de Berlin. Seul journaliste royaliste qui fasse le poids, il défend la monarchie dans *Les Actes des apôtres* (parce qu'ils sont douze à y écrire). Ses mots sont restés célèbres. Louis XVI lui demande : «– Que faire ? – Sire, répond-il, faites le roi.»

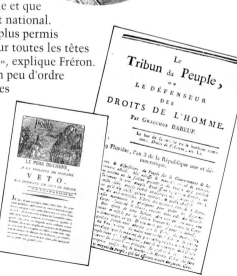

Le Directoire et le Consulat instaurent droit de timbre et autorisation préalable. Napoléon entend mettre la presse à son service

Jusqu'en 1793, la presse est libre. Elle le reste en théorie sous la Terreur, encore que la guillotine constituât un censeur redoutable et que l'intimidation fût devenue sport national. Robespierre ne dit pas : il n'est plus permis d'imprimer, mais la hache est sur toutes les têtes qui auraient usé de cette liberté», explique Fréron. Le Directoire tente de mettre un peu d'ordre dans ces publications hétéroclites et établit un droit de timbre : désormais, les journaux seront imprimés sur papier timbré, ce qui augmentera considérablement leur prix. A quelques exceptions près, cette mesure sera appliquée pendant près d'un siècle.

En janvier 1800, quelques semaines après le coup d'Etat du 18 brumaire, Bonaparte supprime 60 journaux d'un coup et rétablit l'autorisation

préalable. Il donne au *Moniteur* le monopole des communiqués officiels. Napoléon connaît la puissance de la presse. Il stimule Fouché : «Remuez-vous donc un peu plus pour soutenir l'opinion.» Il va faire du *Moniteur* un auxiliaire précieux, «l'âme et la force de mon gouvernement, mon intermédiaire avec l'opinion publique», dira-t-il beaucoup plus tard. Les autres n'ont qu'à se taire.

En 1811, il ne subsiste plus que quatre quotidiens à Paris. Ils sont étroitement contrôlés.

Avec *Le Moniteur*, les seuls quotidiens parisiens autorisés sous l'Empire sont *La Gazette de France*, *Le Journal de l'Empire* et *Le Journal de Paris*. Napoléon interdit de publier les discours, même officiels, qui lui déplaisent. Il pratique en expert la manipulation et l'intoxication, allant jusqu'à inventer des nouvelles quand cela lui paraît utile. Certains n'apprécient pas, comme Chateaubriand qui écrit dans *Le Mercure de France*, pourtant contrôlé par le ministère des Affaires étrangères : «Lorsque, dans le silence de l'abjection, l'on n'entend plus retentir que la chaîne de l'esclave et la voix du délateur ; lorsque tout tremble devant le tyran et qu'il est aussi dangereux d'encourir sa faveur que de mériter sa disgrâce [...].» L'empereur, bien sûr, fait saisir *Le Mercure*.

Ce n'est là qu'une des péripéties de la lutte entre le pouvoir politique et ce que Burke en 1787 a nommé le «quatrième pouvoir». La liberté de l'information ne sera vraiment établie qu'avec la loi de 1881. Avant d'en arriver là, la presse doit faire sa propre révolution. Elle sera technique et industrielle.

L'arrivée des journaux par la malle-poste (à gauche) était en province un événement. «J'allais avec la foule des gobe-mouches attendre sur la place l'arrivée des courriers», écrivait déjà Rousseau évoquant dans *Les Confessions* un séjour en Savoie.

Au café, chez le barbier, chez le cireur, les journaux étaient lus par les élégants et les militaires. Pour son sérieux, *Le Journal des débats* fut parmi les plus appréciés tout au long du XIXᵉ siècle. Fondé en 1789, il avait été pris en main en 1799 par Louis-François Bertin dit l'Aîné, un excellent directeur qui commençait ses journées tôt le matin par une conférence de rédaction, pour les achever tard dans la nuit en relisant lui-même toutes les épreuves. En 1801, le journal cesse de paraître. En 1805, Napoléon en fait *Le Journal de l'Empire*, l'un des quatres quotidiens seuls autorisés. *Les Débats* reprendront leur titre et leur indépendance à la Restauration.

L'essor considérable de la presse au XIXe siècle n'eût pas été possible sans l'évolution des techniques. Les progrès de l'imprimerie, ceux des moyens de communication ont permis, autant que la transformation des mentalités, la création du journalisme moderne. L'Etat déplore l'esprit d'indépendance, réprouve les méthodes et redoute la puissance croissante de cet «instrument de sédition».

CHAPITRE III

TECHNIQUES ET PROGRÈS

Les progrès des techniques d'impression (à gauche, la rotative du journal *Excelsior*, premier quotidien systématiquement illustré de photos, en 1910) et ceux des moyens de transport vont accroître considérablement les possibilités d'expression et de diffusion de la presse.

La naissance et le développement des journaux
ont été suscités par l'expansion commerciale, les
concentrations urbaines, la montée de la bourgeoisie,
la marche des idées, l'effervescence des curiosités,
mais ils n'auraient pu s'accomplir sans l'évolution
des technologies.

Cela est particulièrement vrai pour les techniques
de fabrication qui à chaque étape de leur évolution
ont doté les journaux des moyens de répondre à une
demande sans cesse croissante.

Le «Times» prend la tête de la révolution industrielle de la presse

En 1795, lord Stanhope met au point une presse tout en
acier et en fonte. Il améliore l'efficacité de la machine,
jusque-là toujours manœuvrée à bras. Cette nouvelle
presse permet au *Times* de tirer en
plus grand format et d'atteindre le
rythme de 150 exemplaires de
quatre pages à l'heure.

En 1811, grâce à la presse à
cylindre de l'Allemand
Friedrich Kœnig, on passe de
150 à 500 exemplaires à
l'heure. En 1816, Kœnig met au
point la presse à «retiration» qui
imprime recto verso 1100
journaux à l'heure! Où cela?
Au *Times* bien sûr, qui, en
1840, mettra en service lès
presses à réaction d'Applegath
et Cowper.

En 1818, en France cette fois,
Pierre Lorilleux, ouvrier à l'Imprimerie royale, met au
point une encre nouvelle, mieux adaptée au travail
sur les presses. On ne fabrique plus le papier à la
main, mais par un procédé mécanique.

Grâce aux rotatives, les tirages atteignent 12000 puis 18000 exemplaires à l'heure

La première rotative est étudiée par Caverley et Mac
Donald pour le *Times* en 1860; Marinoni en France
(1865), William Bullock aux Etats-Unis prendront la

E n accouplant deux
presses mécaniques
à cylindre de son
invention, Friedrich
Kœnig créa en 1816 la
presse à retiration
(ci-dessus). C'était
s'engager sur la voie
des machines rotatives
modernes.

L a première
amélioration
importante de la presse
de Gutenberg était
intervenue en 1783
lorsque François-
Ambroise Didot y avait
introduit des éléments
métalliques (marbre en
fer, platine en cuivre),
prélude à la presse
tout en métal mise au
point par lord
Stanhope en 1795
(ci-contre, à gauche).

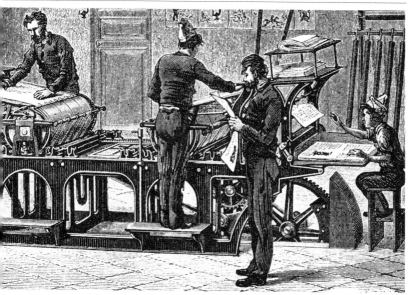

suite. Reste à accélérer le processus de fabrication en amont des rotatives si efficaces : en 1884, Ottman Mergenthaler invente à Baltimore la Linotype, machine à clavier pour la composition mécanique de lignes fondues en un seul bloc. On ignore généralement que, dès 1845, le poète Gérard de Nerval avait déposé, sous son vrai nom de Gérard Labrunie, un brevet de machine pour composer un texte avec des lignes d'un seul tenant. En 1887, l'Anglais Lewistone mettra au point la Monotype. Les journaux achèvent ainsi leur première grande mutation technique, celle de la typographie. Confrontée à la nécessité de produire davantage, plus vite, à meilleur compte, la presse est devenue une industrie.

D e 1430 à la fin du XIXe siècle – et même jusqu'au lendemain de la Seconde Guerre mondiale pour les titres –, la composition des textes était faite à la main par des typographes qui alignaient un à un dans un composteur (ci-dessous) les caractères qu'ils prenaient dans les casses.

Diligences, estafettes, chemin de fer : les journaux voyagent de plus en plus vite...

Ne serait-ce que pour son usage propre, le pouvoir s'est toujours efforcé d'améliorer les voies de communication et la poste qui les emprunte. Les Romains l'avaient fait, Charlemagne aussi.

Au XVIIe siècle, on met un mois pour aller de Paris à Toulouse. Cent ans plus tard, il ne faut plus que deux semaines. Parce qu'elles sont rapides, on appelle les voitures de poste des «diligences». Le ministre Turgot pousse tellement à la roue qu'on l'accuse d'empêcher les voyageurs d'assister à la messe et de ruiner les aubergistes.

Sous l'Empire, la rapidité des estafettes de Napoléon fait l'admiration et l'envie de l'Europe entière. Sous Louis XVIII, le progrès des suspensions permet d'accélérer encore les déplacements : moins de deux jours pour Paris-Bordeaux.

Mais déjà les chevaux ont été doublés par un monstre sifflant et crachant la vapeur : en 1825, Stephenson ouvre en Angleterre une première ligne de chemin de fer. En France, 1837 voit s'établir la célèbre liaison Paris-Versailles dont le projet fait dire bien des bêtises : Thiers n'affirmait-il pas que les roues allaient patiner sur les rails, Arago que les voyageurs seraient asphyxiés par la vitesse ou la

Une grosse boîte à trois compartiments et quatre roues tirée par quatre chevaux : la diligence. Pendant plus d'un siècle, ce fut le moyen de transport le plus commode. Ci-dessous : dans l'omnibus parisien, en 1900, on lisait déjà le journal.

traversée des tunnels ? Il n'importe ; en 1865, la France possède un réseau de 13000 kilomètres en service. La vitesse atteint 50 km/h. A la fin du siècle s'ouvre l'ère de l'automobile avec Amédée Bollée, Daimler et Benz, Panhard et Levassor, Peugeot, Renault... Le rail et la route entament leurs progrès en même temps que leur concurrence et leur complémentarité.

... Et les informations commencent à voyager seules

En 1793, Chappe avait inventé le télégraphe aérien, mais celui-ci restait réservé au seul usage du gouvernement. Morse aux Etats-Unis en 1837, Gauss en Allemagne en 1838, Weatstone en Angleterre en 1839 découvrent le télégraphe électrique, dont les premières lignes sont établies en Europe à partir de 1845 (Paris-Rouen). La liaison Europe-Amérique est mise en place en 1866. L'Américain Bell met au point le téléphone en 1876 ; l'Italien Marconi le télégraphe sans fil en 1896.

Grâce à ces inventions, le monde est parcouru d'un réseau serré de lignes de communication. La presse dispose désormais de tous les moyens d'exercer sa fonction.

Les débuts de l'agence Havas : un même service à plusieurs journaux

Depuis longtemps existaient des bureaux de traduction des journaux étrangers, à l'usage des gazettes du pays ou même de particuliers. L'un de ces «nouvellistes à la main» eut l'idée de vendre ses traductions non pas à un seul client mais, moyennant abonnement, à plusieurs journaux à la fois. Cette pratique devait lui permettre d'abaisser le prix et donc d'étendre le service d'informations étrangères – et bientôt aussi intérieures – à un nombre croissant d'abonnés : l'agence de presse était née.

Une première mondiale : le télégramme historique (ci-dessous) qu'adressa le 29 mars 1899 Guglielmo Marconi à Edouard Branly par télégraphie sans fil à travers la Manche. Marconi n'avait que vingt-cinq ans à l'époque, il avait utilisé pour transmettre sans fil à distance le radio-conducteur à limaille mis au point en 1890 par son aîné. En 1895, à peine sorti de l'université de Bologne,

Marconi parvient à transmettre le son sur plusieurs centaines de mètres. En 1901, il réussit la liaison transatlantique. Le télégraphe sans fil sera pour la presse un précieux auxiliaire mais aussi, devenu radio, un redoutable concurrent.

Son créateur, Charles-Louis Havas, né à Rouen en 1783, a été durant toute sa vie un personnage quelque peu mystérieux. Son oncle est chargé des affaires secrètes dans la police de Fouché. Il envoie son neveu faire de fréquents voyages à l'étranger. On ne sait trop ce qu'y fait le jeune Charles-Louis. En tout cas, il y apprend les langues. Il en parle au moins cinq couramment. En 1832, il ouvre à Paris un bureau de traduction dont il propose les services aux journaux.

Les grandes agences de presse donnent une dimension mondiale à l'information

Havas fut l'un des premiers à comprendre l'importance de la rapidité et de l'exactitude de l'information. Sa devise est «Toujours plus vite»; en fonction de quoi il met un point d'honneur à «griller» tous ses concurrents dans la rapidité d'acheminement des nouvelles. Pour cela, il utilise tous les moyens disponibles, poste et télégraphe, mais aussi des pigeons voyageurs, ainsi que le faisaient autrefois les Arabes.

Son succès est grand. Ses informations sur la guerre de Crimée assurent sa réputation. Il bat largement les services des ambassades et le président du Conseil

Charles-Louis Havas, ci-dessus, fondateur de l'agence qui porta son nom à partir de 1835. Un siècle plus tard, elle était sans concurrence en France et comportait, en plus de ses services d'information aux journaux, des bureaux de location d'espaces publicitaires sur tout le territoire (en haut : à Nice).

devient son client. Il s'appuie dans chaque pays sur un réseau de correspondants permanents qu'il a formés, les commis-traducteurs, nouvelle catégorie de journalistes à l'affût de tout ce qui se passe.

Deux d'entre eux fondent chacun leur propre entreprise : Bernard Wolff, l'agence Wolff à Berlin en 1849 ; Julius Reuter, l'agence Reuter à Londres en 1851. Pendant ce temps, les journaux américains se ruinent encore à envoyer chacun son bateau à la rencontre des navires venant d'Europe, pour avoir le premier les nouvelles du vieux continent. Afin de limiter le coût de cette onéreuse course à l'information, six quotidiens de New York s'associent au sein de l'Associated Press. Par la suite et dans le même but, les grandes agences passeront des accords de répartition territoriale.

Ci-dessous, le service des «fils spéciaux» d'Havas en 1939. L'Agence France-Presse prendra sa suite en 1944.

Le journalisme devient un métier à part entière avec ses méthodes, ses règles, son style propres

Non seulement les agences vont créer leurs propres instruments – les téléscripteurs dont les cliquetis incessants berceront des générations de journalistes –, mais elles créent aussi un nouveau style de journalisme. La nécessité, comme ce fut le cas par exemple aux Etats-Unis pendant la guerre de Sécession, de faire parvenir rapidement les nouvelles, associée au prix des transmissions ainsi qu'aux pannes fréquentes du télégraphe à ses débuts, impose la concision : c'est le schéma de la pyramide inversée. L'essentiel doit être dit dès les premières lignes (le «chapeau»), ensuite ce qui est important, puis les détails, les réactions, etc.

Le fait aussi de travailler pour plusieurs journaux différents incite les correspondants d'agence à s'efforcer à une stricte objectivité et à préférer les faits aux commentaires. L'information avant l'opinion, car il ne saurait y avoir d'opinion sans information. Un style impersonnel et dépouillé au service de la vérité et de l'exactitude.

C'est particulièrement apparent dans la presse anglo-saxonne, qui établit la «règle des cinq W» : tout article doit répondre aux cinq questions fondamentales : *Who? What? Where? When? Why?* (Qui? Quoi? Où? Quand? Pourquoi?), les mêmes que, vingt siècles plus tôt, Quintulien avait énumérées en les complétant par «comment?» dans sa fameuse règle des circonstances en rhétorique : *Quis? Quid? Ubi? Quibus auxiliis? Cur? Quomodo? Quando?* Pour longtemps, ces règles définissent la presse dite d'information qu'on opposera souvent à la presse dite d'opinion.

La presse devient un pouvoir appuyé sur la curiosité du public

La curiosité pour les idées nouvelles et les événements d'importance mondiale, à commencer par les guerres et les révolutions, incitent un public qui a considérablement grossi à se tourner vers les entreprises de presse qui sont, grâce aux progrès techniques, armées pour répondre à une si impatiente attente. De ce phénomène, le parcours du *Times* fournit un bon exemple : premier à recourir aux nouvelles

Ci-dessus, le bureau de correction de *La République française* en 1890. Au centre, son directeur Joseph Reinach (cheveux et barbe blancs); à sa gauche, Waldeck-Rousseau. Le journal, d'opinion radicale, avait été fondé par Gambetta en 1871; il devint modéré à la mort de son fondateur en 1880. En bas : une salle de rédaction aujourd'hui. L'ambiance y est nettement moins détendue, mais le travail n'est pas si différent, à ceci près que l'acheminement des nouvelles est plus rapide et que l'information doit y prévaloir sur l'opinion.

technologies, il occupe au début du siècle la place de leader dans le monde de la presse, surtout lorsque John Walter II en prend la direction et quand, en 1817, Thomas Barnes y devient rédacteur en chef, poste qu'il occupera pendant vingt-cinq ans. Son souci de l'information exacte et rapide, son réseau étendu de correspondants, les moyens d'impression moderne qu'il avait su se donner valurent au journal britannique une audience incomparable et une influence considérable : «Le pays est gouverné par le *Times*», disait-on.

En France, les journaux sont toujours en butte aux tracasseries de l'administration et de l'Etat

A Paris, la situation est très différente : on se perd à suivre les allers-retours d'une série de lois et d'ordonnances souvent contradictoires. En 1810, l'Empire avait procédé à une véritable étatisation de la presse avec l'obligation d'examen préalable pour tous les imprimés et la limitation des journaux à un par département.

Si la Restauration, en 1814, proclame la liberté de publier, celle-ci reste soumise à autorisation et 1815 voit la relance des mesures préventives et de la répression en correctionnelle. Si en 1819, l'autorisation préalable est supprimée, le cautionnement est maintenu, et en 1820, censure et autorisation sont rétablies. Limitée en 1822, la censure, en 1824, est réactivée puis supprimée pour renaître plus forte que jamais en 1828! Il faut suivre : 18 lois ou ordonnances en trente ans!

Les journaux résistent par tous les moyens et trouvent toutes sortes de façons de tourner la loi : les articles procèdent par sous-entendus, insinuations, métaphores, évocations; subtiles rhétoriques qui

Page de gauche : un dessin où Daumier se moque gentiment des «actualités» journalistiques. «Comment, dit le lecteur, j'achète votre journal et je n'y trouve pas les nouvelles d'aujourd'hui? – M'sieur, les nouvelles d'aujourd'hui étaient dans le journal d'hier!» répond la vendeuse de journaux.

Ci-contre : en 1830, perquisition et saisie des presses au *National*, journal d'opposition libérale fondé six mois plus tôt par Thiers, Carrel et Mignet. Les ordonnances «liberticides» de Polignac ont suscité les protestations des journalistes. Le ministre persiste et ordonne la destruction des presses des journaux opposants. Les typographes du *Temps* défendent alors leur outil de travail et alertent le peuple de Paris. C'est le début des Trois Glorieuses et la fin du règne de Charles X.

rendent les délits d'opinion difficiles à caractériser. Puisque la loi soumet les périodiques à l'autorisation préalable, des semi-périodiques paraissant à des «époques indéterminées» se multiplient, de même que, par milliers, des brochures et des libelles sans périodicité aucune; c'est le grand retour des canards occasionnels.

En 1830, la presse défend sa liberté et fait «sa» révolution : les Trois Glorieuses

De son côté, l'Etat varie les tactiques. Aux camouflages des articles de presse, il répond par une loi sur le «délit de tendance» dont le flou permet toutes les répressions. En 1822, pour contrôler certains journaux, Louis XVIII tente d'acquérir la

« Ah! tu veux te frotter à la presse!» dit l'ouvrier imprimeur du *National.* Cette allégorie de Daumier parut dans *La Caricature,* journal satirique fondé en 1830 par Charles Philipon, lui-même dessinateur, qui publia en 1832 *Le Charivari.* Grandville, lui, adorait métamorphoser en animaux ses contemporains. Lorsque «M. Lionne, publiciste courageux comme un lion», eut des ennuis avec la censure, il ne rata pas l'occasion.

majorité de leurs actions… L'une des mesures les plus gênantes est le maintien du droit de timbre. Cette obligation d'imprimer sur papier timbré limite les cadences du tirage rendu possible par les progrès techniques et qu'appelle le public.

Au premier rang des journaux de la Restauration, *Le Journal des débats.* Acheté en 1799 par les frères Bertin, ce quotidien, qui avait été le premier à adopter le format «in-folio» en 1789 mais plafonnait à 800 abonnés, atteint, grâce à sa politique du juste milieu, à la qualité de ses collaborateurs, ainsi qu'à la diversité de ses informations, 23 000 exemplaires en 1812. De tels tirages inquiètent le pouvoir. En 1829, le prince de Polignac, que Charles X vient de nommer Premier ministre, ne mâche pas ses mots : la presse périodique n'est et ne peut être qu'«un instrument de désordre et de sédition». En conséquence, par les ordonnances du 25 juillet 1830, il supprime la liberté de la presse. Aussitôt, Adolphe Thiers, journaliste au *National* avec Auguste Mignet et Armand Carrel, rédige une protestation violente. Le 26, 44 journalistes l'ont signée. C'est l'épreuve de force. Le 27, suivant l'appel des journalistes, Paris entre en insurrection. Marseillais «monté» à Paris en 1821, Adolphe Thiers avait d'abord collaboré au *Constitutionnel.* Célèbre dès 1823 par les deux premiers volumes de son *Histoire de la Révolution*, il va mettre en place la monarchie de Juillet en proposant de nommer roi le duc d'Orléans Louis-Philippe.

Sans doute fallait-il que la presse provoquât une révolution, pas moins, pour faire la preuve de sa puissance. Cette puissance va s'accroître encore avec la naissance des grands journaux véritablement populaires qui marqueront le XIXe siècle.

La caricature fut une arme efficace des opposants à la monarchie de Juillet. Au point qu'en 1835 les lois de septembre limitant la liberté de la presse n'oublièrent point d'instaurer la censure des caricatures, ce qui contraignit *Le Charivari* à remplacer le dessin politique par la satire de mœurs, sous peine de ne plus pouvoir paraître. Ci-dessus, un dessin de Grandville sur les outrances de la concurrence.

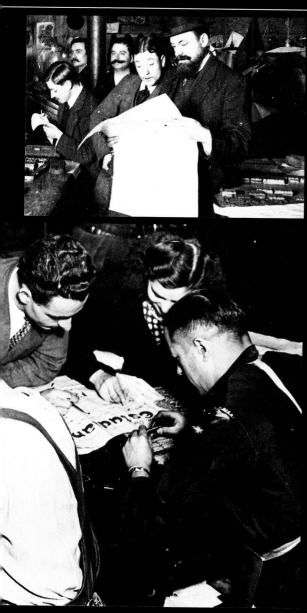

Le marbre : «compo» et mise en page

L es journaux furent composés à la main avec des caractères mobiles en alliage de plomb-antimoine-étain, comme du temps de Gutenberg, jusqu'à la fin du XIXe siècle, moment où la Linotype (en haut, à gauche) permit de passer de 1200 à plus de 6000 caractères assemblés à l'heure. Un opérateur tape le texte sur un clavier qui commande un magasin de matrices de lettres; celles-ci sont alignées sur la justification prévue dans un creuset où se déverse le plomb en fusion pour former des lignes d'un seul tenant. Avantage : les caractères ne servent qu'une fois, ils ne sont jamais usés. Inconvénient : pour faire une correction, il faut recomposer toute la ligne. Les lignes en plomb sont ensuite mises en page dans un cadre d'acier, selon une maquette préétablie, comme le montre la photo du bas. Au second plan, les rédacteurs au marbre; ils doivent couper les lignes en trop, en ajouter s'il en manque. Ci-contre, en haut : le secrétaire de rédaction relit la morasse, première épreuve sur feuille humide de la page qui vient d'être montée.

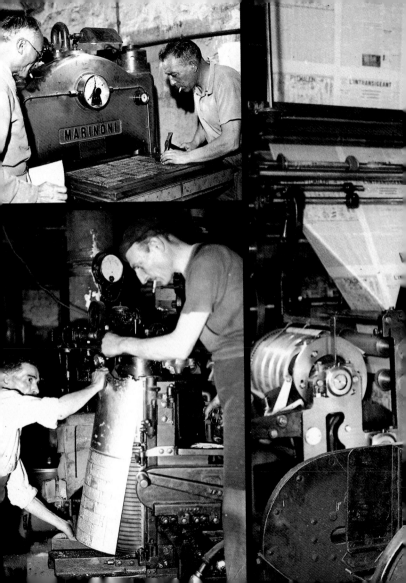

L'imprimerie : «stéréo» et rotative

A la clicherie (en haut, à gauche), un «flan» de carton souple est pressé fortement sur chaque page terminée afin d'en recevoir l'empreinte. Le stéréotype ainsi obtenu est alors cintré pour servir de moule au coulage d'une pièce en plomb qui reproduit la page initiale en forme de demi-cercle (en bas, à gauche) afin qu'elle puisse être fixée sur un cylindre de la rotative. Après les premières presses plan contre plan, puis plan contre cylindre, l'invention du flan permit la mise en œuvre des rotatives (cylindre contre cylindre) et l'impression des journaux à grand tirage ci-contre : les presses de *L'Intransigeant* dans l'entre-deux-guerres) à des cadences rapides, de l'ordre de 50000 à 60000 exemplaires de huit pages grand format à l'heure. Au XXe siècle, l'hélio (impression en creux) puis, après la Seconde Guerre mondiale, l'offset (décalque à plat) détrôneront l'impression typographique et atteindront des cadences plus élevées. Ces techniques seront sans doute à leur tour remplacées par les machines électrostatiques imprimant sans contact.

Le Petit Journal

COMTE HENRY DE LA VAULX

Avec «La Presse», Emile de Girardin lance le premier quotidien des temps modernes. Avec «Le Petit Journal», Moïse Polydore Millaud découvre le vrai public populaire. «Le monde est entré dans l'ère de l'information», constate Emile Zola à la fin du XIXe siècle. De 1830 à 1914, la grande presse prend son essor, le public se passionne et prend parti.

CHAPITRE IV
L'ÂGE D'OR DES JOURNAUX

La Belle Epoque fut aussi celle des journaux. L'information est devenue un produit de grande consommation et l'ère nouvelle se vêt de papier imprimé. Quand on manque d'événements, on en crée, tel ici (page de gauche) *Le Petit Journal* faisant atterrir, en 1909, son dirigeable sur la pelouse de Bagatelle.

Après deux siècles de lutte pour la liberté de la presse et un siècle de progrès techniques, tout est en place pour que commence le règne des grands journaux. De la révolution de 1830 à la Première Guerre mondiale, à travers trois régimes politiques, quelques individualités vont créer les entreprises de presse modernes. Les grands patrons feront les gros tirages.

Père de la presse moderne, Emile de Girardin se bat toute sa vie pour la liberté des publications

Emile de Girardin (1806-1881) n'eut pas besoin de père – disait-il lui-même – pour se faire un nom. Journaliste de talent, il voua sa vie à défendre la liberté de la presse. Le cautionnement, d'abord diminué après 1830, avait été doublé en 1835, supprimé lors de la révolution de 1848, vite rétabli ensuite. «Silence aux pauvres!», s'écrie Lammenais contraint de faire cesser de paraître *Le Peuple constituant*. Le ministre Cavaignac mène la vie dure aux journaux : de nombreux titres sont interdits, Emile de Girardin est arrêté. Les lois sur la presse suivent alors les variations d'orientation idéologique de Napoléon III : encadrement sévère et système des avertissements – suspension au second, suppression au troisième, «chef-d'œuvre d'habileté oppressive», dit Joseph Barthélémy – sous l'Empire autoritaire, tolérance sous l'Empire libéral, suppression de l'autorisation et des trois avertissements sous l'Empire parlementaire. A chaque retour

Le succès de *La Presse* d'Emile de Girardin gêne beaucoup de monde. Capo de Feuilllide ironise sur l'origine des capitaux du journal et le passé de son directeur. Armand Carrel, rédacteur en chef du quotidien républicain *Le National*, l'appuie. Girardin rétorque qu'il peut aussi bien publier la comptabilité et la biographie de ceux qui l'attaquent. Carrel, qui a un passé tumultueux, lui envoie ses témoins. Le duel a lieu le 22 juillet 1836 dans le bois de Saint-Mandé. Girardin est blessé à la cuisse, Carrel au ventre; quarante-huit heures plus tard, il est mort. Tout Paris en parle, *La Presse* est lancée mais plus jamais Girardin n'acceptera de se battre.

offensif du pouvoir politique, Emile de Girardin intervient avec vigueur pour défendre la liberté d'expression. Il ne connaîtra pas cependant la grande loi du 29 juillet 1881 sur la liberté de la presse (sans autorisation, ni cautionnement, ni censure préalables), votée dix semaines après sa mort.

Autodidacte, commis d'agent de change, Girardin avait débuté par quelques articles, un livre, quelques chansons, quelques duels

A vingt ans, il lance *Le Voleur*, hebdomadaire qui reproduit, en citant ses sources, les meilleurs articles que publient ses confrères (130 journaux à Paris en 1828, dont 16 quotidiens); ainsi économise-t-il les frais de rédaction et se met-il à l'abri de la censure préalable. 3000 abonnés en un mois, et de nombreux imitateurs. Il le vend pour fonder l'un des premiers magazines féminins, *La Mode*, et des revues éducatives et de divertissement : *Le Journal des connaissances utiles*, mensuel de 32 pages – 10000 abonnés, il faisait fortune; il en aura 132000 au bout d'un an! –, *Le Musée des familles*, *La Maison rustique*, *Le Panthéon littéraire*, *L'Almanach de France* (1833, «santé, bien-être, savoir», tirage : 1300000 exemplaires!), *Le Magasin pittoresque* et même, déjà, un *Journal des enfants*.

A trente ans, il est riche – pas seulement d'expériences. Il se veut premier partout et pour tout. Sa devise : «Une idée par jour.» C'est un homme de petite taille, teint pâle, visage lisse, front haut barré de mèches courtes. Son habitude

La liberté vendue, quel sujet pour un dessinateur satirique! Lorsqu'en 1866 Girardin rachète le journal de ce nom, Gill, dans *l'Eclipse*, ne le rate pas. Ci-dessous : publicité pour une brochure politique comme Girardin aimait en publier.

EN VENTE A LA LIBRAIRIE NOUVELLE
15, BOULEVART DES ITALIENS
ET CHEZ TOUS LES LIBRAIRES
L'ABOLITION
DE
L'AUTORITÉ
PAR LA SIMPLIFICATION DU GOUVERNEMENT
PAR
EMILE DE GIRARDIN
PRIX : 15 CENTIMES

d'écrire debout, le bras gauche appuyé à un pupitre, commence à déformer sa silhouette. Regard froid, lèvres minces, il ne rit jamais. Ses silences sont célèbres, ses colères redoutées. Il a pourtant su séduire cinq ans plus tôt Delphine Gay, jeune poétesse pleine de charme et de talent. Elle sera pour lui une précieuse collaboratrice qui signera vicomte Charles de Launay des chroniques parisiennes alertes et spirituelles.

Aimable et belle, exubérante et passionnée, Delphine Gay, avant de conquérir Girardin, avait su plaire à Lamartine, Vigny, Chateaubriand, Théophile Gautier. Elle flirta même quelque peu avec le futur Charles X. Son «Courrier de Paris» contribua au succès de *La Presse* qui le publiait tous les jeudis. En 1845, le journal emménagea au 131 rue Montmartre, dans le quartier des journaux (ci-dessous).

Le succès de «La Presse» établit les nouvelles règles de fonctionnement des grands journaux

Si les journaux se lisent beaucoup en France (en famille, en cabinets de lecture, aux cafés, entre voisins ou amis), ils se vendent peu. Comment y remédier? En réduisant leur prix. Avec le lancement, le 1er juillet 1836, du quotidien *La Presse*, Girardin établit l'équation d'équilibre des journaux modernes : en baissant les prix de vente de moitié (l'abonnement annuel passe de 80 à 40 francs), il augmente le nombre de lecteurs. Cet accroissement d'audience attire les annonceurs publicitaires qui participent alors au financement du journal.

Il lui faut 10000 abonnés, il en a 20000 en dix-huit mois. Armand Dutacq, ancien clerc d'avoué qui fut un moment son associé, lance avec plus de succès encore *Le Siècle*, le même jour et au même prix que *La Presse*. Les deux rivaux s'affrontent dans une tapageuse campagne de publicité.

Un à un, les principaux journaux alignent leur prix.
Est-ce suffisant? La qualité compte aussi

Si Girardin n'a guère changé la présentation austère de son journal, quatre pages 45 x 30 cm de trois colonnes en petits caractères serrés, il n'en est pas de même du contenu, auquel collaborent les meilleures plumes de l'époque : Balzac, Théophile Gautier, Victor Hugo, Alexandre Dumas, Frédéric Soulié, Scribe, Jules Sandeau... avec, en «rez-de-chaussée» de la page une, ce qu'on appelle le «feuilleton» : une chronique différente chaque jour, historique, beaux-arts, dramatique,

LES SIX PAGES DU FIGARO

POLITIQUE SPORT LETTRES REPORTAGE THÉÂTRE PUBLICITÉ

LE FIGARO
a tous les jours SIX PAGES

Les Lundis: CARAN d'ACHE — Les Mercredis: PETITES ANNONCES
Les Jeudis: FORAIN — Les Dimanches: PAGE de MUSIQUE

Devenu quotidien en 1866, *Le Figaro* s'efforça de satisfaire les goûts des lecteurs les plus divers en proposant un large éventail de rubriques, préfigurant ainsi les quotidiens modernes. Il fut le premier à publier de vrais reportages. Avec les caricatures de Caran d'Ache et de Forain et même, le dimanche, de la musique, il ajoutait la distraction à l'information. De chronique légère de la vie parisienne qu'il était, il devint un journal complet, de tendance monarchiste jusqu'au départ de son directeur Villemessant en 1875, républicain modéré ensuite.

scientifique, «Courrier de Paris» par Mme le vicomte de Launay, etc. En pages intérieures : l'éditorial, une revue de presse, le compte rendu des débats à l'Assemblée, des «nouvelles et faits divers» de plus en plus nombreux, des rubriques de plus en plus variées, y compris «le monde sportique», d'abord cantonné aux nouvelles hippiques. En dernière page : la Bourse et les fameuses publicités, des annonces ainsi définies par Girardin : «Elles doivent être simples, franches, ne porter jamais aucun masque, marcher toujours à leur but.» La grande presse est née. Girardin en a établi la formule : «bon marché, informative, distractive».

Parmi les nouveaux patrons à forte carrure, le gros Villemessant fait défiler au «Figaro» tous les chroniqueurs de talent

De son vrai nom Hippolyte Cartier, enfant naturel comme Girardin, le tonitruant Hippolyte de Villemessant ne s'embarrasse guère de scrupules. Ses manières sont insupportables, mais il connaît tout le monde, sait admirablement s'entourer et possède un étonnant sens du journalisme et des affaires. En 1854, il ressuscite *Le Figaro* qu'avait créé en 1826 Philadelphe-Maurice Alhoy (il avait vingt-quatre ans et livrait lui-même ses abonnements, en fiacre). Il en fait le bihebdomadaire – quotidien à partir de 1866 – de la vie parisienne à l'usage d'une clientèle bourgeoise. Tous les sujets y sont traités avec brio par une succession de chroniqueurs de talent que Villemessant choisit avec un flair infaillible… pour les rejeter sans ambages quand il les estime «fatigués». «Passez-moi un nouvel auteur, j'ai fini le mien!». Il invite celui qui a cessé de plaire à faire un excellent déjeuner et lui offre au dessert une fort belle canne : «Allez vous promener!»

Le gros monsieur ci-contre est Jules Janin (1894-1807), une des découvertes de Villemessant. Auteur de nombreux contes fantastiques, il devint célèbre comme critique littéraire; certains contemporains le plaçaient plus haut que Sainte-Beuve, auquel il succéda à l'Académie française. Ses jugements sévères bien que superficiels plaisaient aux lecteurs bourgeois du *Figaro*.

«Je veux les ténors», disait Villemessant. De Jules Vallès à Rochefort, il les eut

De nombreux écrivains défilent ainsi pour le plus grand agrément des lecteurs : Edmond About, Alexandre Dumas père, Arsène Houssaye sont parmi les plus connus.

Ces trois hommes ont inventé les quotidiens modernes. De même âge à six ou sept ans près, de physiques et de caractères différents, ils eurent une conception identique de ce que devait être un grand journal populaire. Tour à tour alliés ou concurrents, surtout concurrents, ils ont, dans le milieu du XIXᵉ siècle, hissé la presse française au premier rang mondial. A gauche : Emile de Girardin (1806-1881), regard fixe, torse bombé. Il ouvre l'ère nouvelle en lançant *La Presse* en 1836. Son meilleur score : *La Liberté* dont il pousse en six mois la diffusion de 500 à 60000 exemplaires. Au centre : Hippolyte de Villemessant (1812-1879), haute figure des boulevards où, de son quartier général au restaurant Peters, il dirige *Le Figaro*. Son point fort : savoir s'entourer. A droite : Moïse Polydore Millaud (1813-1871), banquier malin, devenu l'empereur des «faits divers». Il rachète en 1856 *La Presse* à Girardin, la revend pour créer *Le Petit Journal* (que Girardin rachète en 1872). Ils sont photographiés par Nadar, lui aussi journaliste mais surtout merveilleux photographe des célébrités de son temps.

Il fit débuter Jules Janin (immortel auteur de l'aphorisme «Le journalisme mène à tout à condition d'en sortir»), l'excentrique Alphonse Karr (il se coiffait de plumes de paon et disait de lui-même : «Karr avance et raille»), Emile Zola, et deux jeunes gens doués qui allaient devenir les polémistes les plus renommés de l'époque : Vallès et Rochefort.

Journaliste avant d'être écrivain (auteur de la trilogie de Jacques Vingtras), Jules Vallès devint célèbre à vingt-huit ans en un seul article publié à la une du *Figaro*, «Le Dimanche d'un jeune homme pauvre». Pamphlétaire sans concession, combatif et généreux, à la plume aiguë et efficace, il entra dans l'opposition de gauche pour n'en plus sortir, à l'inverse de son confrère Rochefort.

Longue silhouette à cheveux et barbe rouges, Henri de Rochefort, marquis d'une très ancienne famille ruinée, écrivait des vaudevilles quand Villemessant lui confia la critique théâtrale du *Figaro*. Il a une très grande faculté d'indignation et le don des formules : «Napoléon III : impair et manque!». Ses mots redoutables le rendent très vite populaire, mais les saisies du *Figaro* se multiplient. Rochefort édite alors, en 1868, son propre hebdomadaire, minuscule brochure rouge de 14 sur 10 cm, dont le numéro un, vendu à 120000 exemplaires,

L a Lanterne fut saisie dès le troisième numéro, interdite au dixième et valut à Rochefort (ci-dessous, à gauche, par Gill) de nombreux procès. Il dut s'expatrier en Belgique pour continuer à la publier. Ses attaques contre Napoléon III y étaient virulentes et incessantes – «Comme bonarpatiste, je préfère Napoléon II», disait-il. Plusieurs fois élu député, il démissionnait presque toujours dans les mois qui suivaient. Après avoir siégé seul à l'extrême gauche du Parlement en 1869, après avoir été déporté en Nouvelle-Calédonie avec Louise Michel au lendemain de la Commune et s'être évadé, il vira au nationalisme lors de l'amnistie de 1880, fonda *L'Intransigeant*, soutint le général Boulanger et les antidreyfusards.

commence par une constatation demeurée fameuse : «La France contient trente-six millions de sujets sans compter les sujets de mécontentement.»

«Le Petit Journal», pour un sou seulement, met le sang à la une et dépasse le million d'exemplaires

Moïse Polydore Millaud, robuste financier auvergnat, a la cinquantaine quand il lance, en 1863, à grand renfort de publicité, *Le Petit Journal.* Lui non plus ne s'embarrassait pas d'idéalisme. «Ayons le courage d'être bête», disait-il. Il est loin de l'être. Il débute avec un journal de Nantes où il publiait des nécrologies locales en y ajoutant les noms des médecins qui avaient soigné les défunts, ce qui incitait les praticiens à acheter immédiatement tous les exemplaires.

Jules Vallès quitta *Le Figaro* pour fonder en 1867 la revue *La Rue* (ci-dessous, caricature de Gill), puis en 1869 le quotidien *Le Peuple,* qui devint *Le Cri du Peuple* sous la Commune, dont il fut un des chefs. Il avait collaboré à de nombreux journaux et fait plusieurs fois de la prison. Condamné à mort, il s'enfuit puis revient. «Révolté je reste et je reprends mon rang dans le bataillon des pauvres», écrit-il dans *L'Insurgé.*

Les directeurs de journaux de la fin du XIXe siècle ont souvent recours à la publicité, quitte à forcer un peu sur les chiffres : cinq millions d'exemplaires (affiche ci-contre), même pour *Le Petit Journal*, c'est beaucoup. Dans les années 1865-1867, il s'achemine vers les 300000 exemplaires quotidiens, ce qui pose des problèmes de fabrication, alors que la pagination augmente elle aussi. Hippolyte Marinoni les résout avec ses rotatives, montées en série, comme il le fait au même moment pour *La Liberté* de Girardin.

Il sait à peine lire, mais sent ce qu'il faut faire pour réaliser le premier journal vraiment populaire dans lequel bien des gens modestes vont découvrir le plaisir de la lecture. Prix de vente : un sou, la moitié de *La Presse* ou du *Siècle* déjà bon marché. Ce sou symbolique, reproduit en grand, ornera bientôt la

façade du journal où travailleront jusqu'à 250 rédacteurs et employés. Les tirages s'envolent : 83 000 exemplaires au bout de quatre mois, 260 000 après deux ans. *Le Petit Journal* sera la première publication au monde à atteindre le million d'exemplaires, en 1886.

Plus de débats d'idées, de finesse de style ou de pensée; des faits, des nouvelles brèves, multiples et diverses, simplement rédigées, délibérément orientées vers la recherche du sensationnel, avec une préférence pour les faits divers. C'est concurrencer sur leur propre terrain les canards dont le succès ne se dément pas. C'est aussi échapper au droit de timbre imposé aux seules publications politiques. Le sang est à la une. A la fin des années 1860, l'affaire Troppman, le «monstre de Pantin», est une bénédiction : à chaque nouveau crime (il y en aura sept, dont cinq enfants sauvagement assassinés), le tirage dépasse 350 000, il atteint 470 000 à la septième victime. Chaque jour, en première page, un certain Timothée Trimm distille dans un style élémentaire les lieux communs de la sagesse des nations. De son vrai nom Napoléon Lespès, roux et obèse, il fut engagé par Millaud avec la consigne d'écrire n'importe quoi sur n'importe quoi. Il le fit si bien qu'en quelques jours il devint l'idole des foules. A partir de 1889, *Le Petit Journal* accroît encore son succès populaire avec les grands

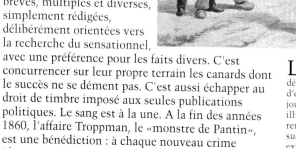

L e tirage du *Petit Journal,* vers 1890, dépasse le million d'exemplaires tous les jours et son supplément illustré hebdomadaire remporte un immense succès. Son service expédition (page de gauche, en bas) devient très important. La diffusion s'étend en province grâce notamment aux vendeurs à la criée (ci-dessus). Mais les positions antidreyfusardes que prendra le journal vont le couper de sa clientèle populaire et son tirage va progressivement décroître.

CENTENAIRE D'ALEXANDRE DUMAS

dessins en couleurs des première et dernière pages de son célèbre supplément.

Les journaux se disputent les romans des écrivains célèbres pour les publier en feuilletons

La Presse a été le premier quotidien français à publier un roman à suivre : *Le Rhin* de Victor Hugo, puis *Joseph Balsamo* d'Alexandre Dumas père. Les lecteurs sont enthousiastes. Son rival, *Le Siècle*, gagne d'un coup 5 000 lecteurs de plus avec *Capitaine Paul* du même Dumas père, qui se révèle le champion du genre, travaillant avec des «nègres», mais écrivant lui-même douze heures par jour. Il publie la même année (1844) *Le Comte de Monte-Cristo* dans *Le Journal des débats* et *Les Trois Mousquetaires* dans *Le Siècle*. Balzac trouve dans le roman-feuilleton de quoi boucler ses fins de mois difficiles : il donne *Le Cousin Pons* au *Constitutionnel*, *La Vieille Fille* et *La Dernière Incarnation de Vautrin* à *La Presse*, bien d'autres romans à bien d'autres journaux.

L'austère *Journal des débats* – avec, en 1842, *Les Mystères de Paris* d'Eugène Sue, un autre champion du genre – mais aussi le gouvernemental *Constitutionnel* – avec *Le Juif errant* du même Eugène Sue qui fait remonter de 20000 exemplaires le tirage – cèdent à la mode du feuilleton. En 1844, Girardin achète à Chateaubriand les *Mémoires d'outre-tombe* qu'il s'engage à ne publier qu'après la mort de leur auteur qui surviendra en 1848.

Le Petit Journal frappe plus fort en recourant à des écrivains qui ne craignent pas d'imaginer des péripéties plus palpitantes que vraisemblables : Ponson du Terrail avec *Rocambole*, Gaboriau avec *L'Affaire Lerouge* ou *Monsieur Lecoq*. Ce dernier

Le 13 juillet 1902, le supplément illustré du *Petit Journal* célèbre le centenaire d'Alexandre Dumas (ci-contre, à gauche), juste hommage rendu par la presse à un auteur à la vitalité prodigieuse dont les romans à succès avaient notablement augmenté le tirage des journaux qui les publiaient. Sans grand souci de style mais avec une efficacité parfaite, Dumas a su créer des personnages d'une étonnante présence. La carrure de ses héros et son sens de la mise en scène placent ses romans au niveau de l'épopée. Lui-même avait fondé en 1853 le journal *Le Mousquetaire* dans lequel il avait publié, excusez du peu, *L'Iliade* en roman-feuilleton. Tout autre, mais non moins populaire, est le «roman expérimental» tel que le conçoit Zola, dont *Le Cri du Peuple* publie *Germinal* en 1885 (page de droite). Ses thèmes – la misère des mineurs et la grève – relèvent de l'actualité.

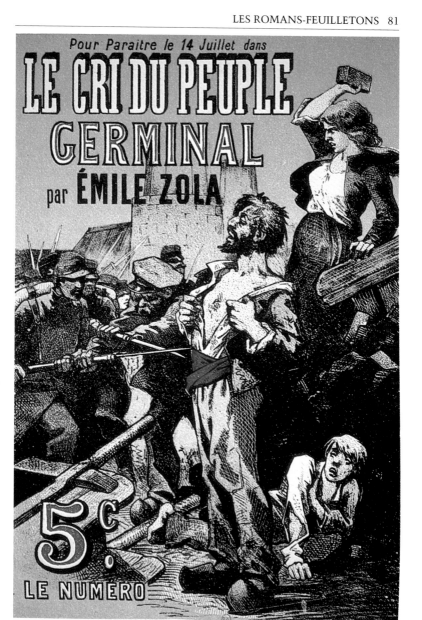

ouvrage, précédé d'une publicité qui pendant un mois couvre tous les murs de la capitale, fera monter le tirage à plus de 300000 en 1868.

La province voit naître de nombreuses publications et les premiers grands régionaux

A Paris, le tirage global des quotidiens est passé de 36000 en 1800 à plus de un million à la veille de la guerre de 1870. Il faut y ajouter la presse de province en plein essor, avec plus de 200 périodiques et la naissance des premiers «grands régionaux» : *Le Progrès* à Lyon, *L'Indicateur* à Bordeaux, *La Dépêche du Midi* à Toulouse, *L'Eclair* à Montpellier, *Les Dernières Nouvelles d'Alsace* à Strasbourg, *L'Est républicain* à Nancy... Les titres se multiplient. Les rotatives roulent. Hippolyte Marinoni en a livré une à l'imprimeur Serrière qui sort 10000 exemplaires du *Petit Journal* à l'heure. Le public, qui désormais sait lire et, pour les hommes, a le droit de vote, se passionne pour les nouvelles. Les scandales dénoncés par les journaux agitent l'opinion et font monter les tirages : affaire de la vente des décorations par le

Les premiers grands régionaux, ci-dessus de gauche à droite : les quotidiens de Toulouse, Montpellier, Bordeaux, Strasbourg. Fondées en 1877, *Les Dernières Nouvelles d'Alsace* paraissaient en allemand, les départements du Rhin ayant été annexés après 1870, mais le journal avait tenu à imprimer son titre en français aussi; toute l'histoire de l'Alsace de 1871 à 1918 est là. En 1832, il y avait 32 quotidiens en province, au tirage total de 20000 exemplaires. En 1914 près de 250, dont 20 tirent à plus de 100000 chacun, quatre millions d'exemplaires au total.

gendre du président Grévy en 1887, affaire de Panama dont la moitié du montant des souscriptions s'est volatilisée en 1892… L'affaire Dreyfus va séparer la France en deux camps.

Zola et Clemenceau accusent l'état-major, l'affaire Dreyfus divise l'opinion

En novembre 1894, un certain capitaine Dreyfus est accusé d'espionnage au profit de l'Allemagne. *La Libre Parole*, quotidien antisémite d'Edouard Drumont, se déchaîne. Le conseil de guerre condamne Dreyfus au bagne. Mais le commandant Picquart découvre une dépêche qui innocente Dreyfus et compromet le commandant Esterhazy. Ce dernier est pourtant acquitté par le conseil de guerre, Picquart emprisonné, la condamnation de Dreyfus

Deuxième Année. — Numéro 87

Cinq Centimes

Directeur
ERNEST VAUGHAN

ABONNEMENTS

POUR LA RÉDACTION :
S'adresser à M. A. BERTHIER
Secrétaire de la Rédaction

Adresse télégraphique : AURORE-PARIS

L'AUROR

Littéraire, Artistique, Sociale

J'Accuse.

LETTRE AU PRÉSIDENT DE LA

Par ÉMILE ZOL

confirmée. C'est alors que *L'Aurore*, dont Georges Clemenceau est l'éditorialiste, publie, le 13 janvier 1898, l'article le plus retentissant de toute l'histoire de la presse. 300 000 exemplaires en seront vendus en quelques heures. Le titre barre toute la première page : «J'accuse», par Emile Zola. L'écrivain souligne les incertitudes du procès, met en cause les responsabilités de l'état-major, affirme qu'Esterhazy a été acquitté par ordre, accuse le conseil de guerre de partialité, parle de «preuves étouffées», «d'enquête scélérate», et termine courageusement par cette déclaration : «Je n'ignore pas que je me mets sous le coup des articles 30 et 31 de la loi sur la presse du 29 juillet 1881, qui punit les délits de diffamation. Et c'est volontairement que je m'expose. J'attends.» Zola n'attendra pas longtemps. Un mois plus tard,

Zola n'a pas seulement été un immense écrivain, il fut aussi un journaliste passionné de vérité et de justice. Avant de se consacrer entièrement à son œuvre littéraire à partir de 1880, il collabora à de nombreux journaux. Dans son vibrant réquisitoire «J'accuse», aussi courageux qu'habile, il s'exposait lui-même aux rigueurs de la loi afin que l'affaire passât du huis-clos du conseil de guerre au procès public devant une juridiction civile et fût ainsi portée devant l'opinion. Forain illustra ce changement de tribunal par un dessin qu'il baptisa d'une citation de Cicéron : *Cedant arma togae* («Que les armes cèdent à la toge»).

il est condamné au maximum : un an de prison. Pour l'appuyer, Clemenceau et Jaurès créent la Ligue des droits de l'homme. La presse se mobilise, pour ou contre Dreyfus. On sait la suite : huit ans plus tard, Dreyfus est réhabilité. Entre-temps, Zola était mort asphyxié dans des circonstances jamais élucidées. La fameuse première page de *L'Aurore* n'aurait sans doute pas eu la répercussion qu'elle eut si Clemenceau n'avait eu une inspiration de vrai journaliste : titrer «J'accuse» en caractères d'affiche sur toute la longueur de la une au lieu du titre long et plat qu'avait proposé Zola : «Lettre à monsieur Félix Faure, président de la République».

Zola a cinquante-huit ans et toute l'autorité que lui confère son œuvre littéraire quand il décide de prendre la défense du capitaine Dreyfus. Zola est menacé de mort et doit être protégé quand il se présente au tribunal. «Je n'ai pas voulu que mon pays restât dans le mensonge et l'injustice. On peut me frapper ici, un jour la France me remerciera d'avoir aidé à sauver son honneur», dit-il au jury. La lumière totale sur l'«affaire» sera faite en 1930 par la publication des carnets de l'attaché militaire allemand à Paris, qui établissent l'innocence de Dreyfus.

Les grands journaux font naître un nouveau journalisme privilégiant l'information sensationnelle. Aventuriers par délégation, «envoyés spéciaux» et «grands reporters» courent la terre pour témoigner de ce qu'ils voient. Non sans risques ni périls, ils écrivent au jour le jour l'histoire du monde telle qu'ils la vivent à l'endroit même où elle se fait.

CHAPITRE V
LES PRINCES VOYAGEURS

Albert Londres, le plus célèbre des grands reporters, parcourut le monde toute sa vie. Sur la photo ci-contre, il a trente et un ans et se trouve à Moudros pour l'un de ses premiers reportages : la campagne des Dardanelles. La malle n'est pas à lui; il n'emportait jamais qu'une vieille valise en peau de cochon dont il avait fait son fétiche.

Le Petit Parisien

l'enquête d'Albert Londres

qui vous révélera, par ses alertes, pittoresques et véridiques récits, les tentatives faites pour restaurer "le royaume d'Israël", et vous conduira

des ghettos de Pologne et de la Petite Russie jusqu'aux foyers sionistes de Palestine

Si, au début du XXᵉ siècle, les journaux français sont nombreux, plus de 400, tous n'atteignent pas des tirages vertigineux. Le plus connu d'entre eux, le plus apprécié dans le monde pour le sérieux de ses informations trois fois vérifiées et la prudence de ses commentaires sept fois réfléchis, le plus influent aussi (on a pu dire qu'il était, quotidien du soir, «le père nourricier de tous les journaux du lendemain matin»), *Le Temps*, fondé par Auguste Nefftzer en 1861, est devenu l'organe officiel de la troisième République, grâce à son directeur Adrien Hébrard qui recommandait à ses rédacteurs : «Surtout, faites emmerdant!»

A drien Hébrard (ci-dessus) remplace en 1871 son oncle Auguste Nefftzer à la direction du *Temps*. Il la conservera jusqu'à ses quatre-vingt-un ans. De tendance libérale modérée, ce quotidien ne dépassa jamais 60000 exemplaires, mais il acquit une réputation considérable. La pondération du *Temps* contraste avec la désinvolture dont fit preuve *La Presse* le 9 mai 1927 en sortant avant tout le monde une édition spéciale titrée sur toute la première page : «Nungesser et Coli ont réussi». Suivaient tous les détails de l'arrivée de leur avion après sa traversée de l'Atlantique de Paris à New York. C'était si énorme que d'autres journaux, comme *Le Petit Parisien*, l'imitèrent, bien qu'ils n'eussent pas plus de nouvelles. De nouvelles, il n'y en eut jamais; Nungesser et Coli étaient perdus corps et biens.

Les puissants membres du Consortium se répartissent le marché de l'information et de la publicité

Sur 60 quotidiens parisiens, les deux tiers tirent à moins de 5000 exemplaires. Quatre «gros bras» se partagent chaque jour les suffrages du grand public. *Le Petit Journal* continue tant bien que mal sur l'impulsion donnée par Millaud. Il est largement dépassé par son imitateur *Le Petit Parisien*, obscure feuille radicale achetée en 1888 par Jean Dupuy – huissier de justice, homme d'affaires avisé, il deviendra ministre de l'Agriculture – qui fait monter le tirage de 300000 à 1500000 exemplaires et peut à bon droit écrire sous son titre : «Le plus fort tirage des journaux du monde entier». Pour ce faire, il privilégie systématiquement les faits divers et passionne son public avec des romans-feuilletons de Michel Zévaco, deux recettes connues auxquelles il en ajoute deux autres : un réseau de 450 correspondants en province et les concours, une innovation importée d'Amérique en 1903. «Qui trouvera le nombre de grains de blé

contenus dans la Bouteille d'or ?
250000 francs (or) de prix!»

Le Matin, fondé en 1884 avec
des capitaux américains par le
colossal Alfred Edwards,
redoutable autocrate qui
pratiquait la grossièreté comme
un sport et usait les épouses
(il fut même accusé d'avoir
assassiné la quatrième) comme
il épuisait les journalistes. Il le
revendit en 1897 à Maurice
Bunau-Varilla, moins horrible
mais tout aussi mégalomane.
Il fait peindre la façade du journal en rouge vif
sous un pavillon à son chiffre. «*Le Matin*, c'est moi»,
déclare-t-il. Il interdit à ses collaborateurs de signer,
sinon par des pseudonymes qu'il choisit lui-même.
Il n'empêche : de 90000, le tirage monte jusqu'à un
million d'exemplaires en 1913. Slogan : «*Le Matin*
voit tout, sait tout, dit tout.» Pour mieux le dire, et
plus vite, il eut l'idée de remplacer les articles par des
dépêches. L'un de ses journalistes, Félix Fénéon,
prodigieux de concision et d'esprit, résumait les faits
divers en trois lignes, pas une de plus.

En 1914, aux six
étages de
l'immeuble du *Matin*
à Paris (ci-dessous)
travaillaient 150
rédacteurs, un record
pour l'époque. Leur
directeur Maurice
Bunau-Varilla, d'une
rare suffisance, se
faisait appeler «le
Protecteur».

Le Journal fut fondé en 1892 par le minuscule Fernand Xau. Comme Villemessant, il voulut les meilleurs (et les plus drôles) : Courteline, Capus, Alphonse Allais. Comme Girardin, il crut aux progrès techniques : son journal fut le premier à être composé sur Linotype. Vendu en 1895 aux Letellier, père et fils, il fut ensuite repris par François-Irénée Mouthon, journaliste talentueux mais lent, sans voix ni gestes, ni nerfs, à l'éternel sourire figé. Transfuge du *Matin*, il hissa *Le Journal* au-dessus de son concurrent abhorré, à plus de un million d'exemplaires à la veille de la Première Guerre mondiale.

L'Écossais James Gordon Bennett a quarante ans quand il fonde, en 1835, le *New York Herald*, quotidien concurrent du *Sun* de New York que Benjamin Day avait lancé en 1831 et dont il avait en 1833 abaissé le prix de vente de six à deux cents. Gordon Bennett vend le *Herald* un cent, tire à plus de 30000 exemplaires et met en œuvre une conception nouvelle du journalisme à base de grands reportages axés sur la stricte relation des faits. Le *New York Herald* ne se contente pas de rapporter des événements, il s'efforce aussi d'en provoquer. C'est ainsi qu'il crée en 1899 la Coupe Gordon Bennett qui anime les courses automobiles en Europe pendant tout le début du siècle. En 1839, le *Herald* avait déjà des correspondants en Europe. Ci-contre : l'immeuble que le quotidien américain occupa rue de Berri à Paris de 1930 à 1966, date de sa disparition.

Un cinquième titre, moins musclé, le quotidien de droite *L'Echo de Paris,* auquel collabora Barrès et qui deviendra l'organe de la Ligue de la Patrie française (son tirage montera à 400 000 exemplaires pendant la Première Guerre mondiale) vient rejoindre le groupe des quatre mammouths du Consortium, liés par un pacte de défense commune contre tout intrus, afin de se partager commodément le marché de la publicité.

Pour beaucoup de responsables de presse, le «New York Herald» devient l'exemple à suivre

D'autres traits rapprochent les membres du Consortium des cinq :
une commune conception de l'organisation d'un grand journal, avec un strict découpage des fonctions – reporters sur le terrain d'une part, secrétaires de rédaction sédentaires d'autre part qui mettent les articles en forme et «traitent» leur présentation –, ainsi que le pratique le *New York Herald* qui publie à Paris une édition européenne à partir de 1887.

La presse américaine a grandi. Elle fait école. Pour l'enquête : la loi des «cinq W» (qui ? quoi ? etc.). Pour les comptes rendus : la pyramide inversée (de l'essentiel aux détails). Dans les deux cas : aller droit au but. A cette fin, se rendre sur place et «rapporter» les faits. En envoyant Stanley à la recherche de l'explorateur Livingstone disparu, le *New York Herald* invente le reportage-événement.

Stanley n'était pas un mauvais choix. En 1867, étant correspondant de guerre en Abyssinie, il avait annoncé la prise de Magdala par

James Gordon Bennett junior montra à la presse française la voie du progrès en faisant dès 1898 composer l'édition européenne du *New York Herald* par des Linotype (ci-dessus). Il faudra plusieurs années pour que s'en généralise l'usage. Autre innovation : à partir de 1904, premier journal distribué par automobile, l'édition française du *Herald* est livrée par de puissantes Mercedes rouges.

le corps expéditionnaire britannique et la mort du négus Théodoros vingt-quatre heures avant que le ministère soit mis au courant. Après avoir retrouvé Livingstone, il explorera le cours du Congo, confirmera l'emplacement des sources du Nil, conquerra un empire colonial pour le compte du roi Léopold II de Belgique. De telles aventures constituent de merveilleux reportages à suspense. Grâce à eux, le *New York Herald* devient pour certains patrons de la presse la référence absolue. Il faut surprendre le lecteur. «Etonner, dit Léon Bailby à ses collaborateurs. Si un article commence par : "Alors le mort se

Pasteur et médecin d'origine écossaise, David Livingstone, de 1849 à 1865, explore le désert du Kalahari, découvre les chutes du Zambèze, traverse l'Afrique d'est en ouest et disparaît au Tanganyika. James Gordon Bennett junior, patron du *New York Herald*, dit à Stanley : «Trouvez-le!» Le 28 octobre 1871, au bout de huit mois d'efforts, Stanley parvient au village de Oudjidji. Un homme blanc est là, émacié, tremblant de fièvre. Stanley s'avance : «Dr Livingstone, je présume?» C'est le reportage du siècle.

leva et dit...", tout le monde a envie de lire la suite.» Main de fer dans un gant de soie parfumé, teint pâle, cheveux poudrés, pomponné, corseté, monté sur talons hauts, il est directeur de *L'Intransigeant* dont il fera un moment le plus grand quotidien du soir (900000 exemplaires en 1918, avec 6 rotatives, 26 lignes téléphoniques). Dix heures par jour au journal, il pense à tout, corrige tout, crée la première rubrique sportive, la première colonne d'échos littéraires, les premières critiques de cinéma, de variétés, et rédige chaque matin son éditorial.

Le journaliste Gaston Leroux, tout comme Rouletabille le héros de ses romans, mène ses enquêtes sur le terrain

Etonner, le truculent Gaston Leroux ne s'en fait pas faute. Il a une carrure hors du commun qu'il donnera à son héros Chéri-Bibi, 125 kilos tout nu. Il est doté d'un appétit rabelaisien et pratique un langage qui l'est tout autant. Raffiné cependant, joueur (en une nuit, il perd au poker le million en or que lui a légué son père), amoureux de la vie, il est «un événement à lui tout seul», dit Jean-Paul Colin. En 1903, au retour de l'expédition dans l'Antarctique d'Otto Nordenskjöld, neveu du découvreur du passage Nord-Est, il rejoint l'explorateur suédois à Sainte-Hélène, câble de l'escale de Madère son reportage au *Matin* qui le publie en exclusivité alors que tous ses confrères attendent encore l'arrivée du bateau à Boulogne.

En 1905, il évoque une entrevue secrète entre le tsar et Guillaume III. Démentis officiels. C'est pourtant vrai : Leroux l'a su par le cuisinier de Nicolas II avec qui il échange des recettes. En 1905, crise

En retrouvant Livingstone disparu depuis six ans, Henri Morton Stanley (ci-dessous) va mériter son surnom de «briseur de roc». Marais, fleuves, désert, forêt vierge, montagnes, intempéries, attaques, embuscades, maladies, rien ne vient à bout de sa détermination, fortifiée il est vrai par des crédits illimités et les 191 hommes qui l'accompagnent.

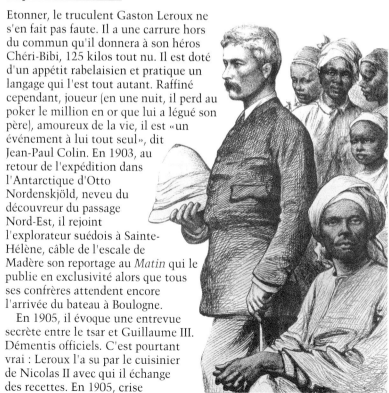

prérévolutionnaire à Saint-Pétersbourg, Leroux parle de 2 000 morts, annonce qu'on n'a encore rien vu! Il va un peu fort, mais l'histoire montrera qu'il n'avait pas tort dans ses prévisions. L'envoyé du tsar, Arthur Raffalovitch (qui a couvert d'or les journaux parisiens pour qu'ils persuadent les épargnants de souscrire à l'emprunt russe) proteste. Explications orageuses au journal. Leroux en a assez, encore quelques reportages et il arrête. Il a mieux à faire: en 1907 paraissent *Le Mystère de la chambre jaune* et *Le Parfum de la dame en noir*; suivront d'autres romans à succès. Leur héros, Rouletabille, est reporter, un métier que Leroux connaît bien.

Les grands reporters forment à travers le monde une sorte de club international fermé

Où sont les chroniqueurs d'antan? Troussant un article comme ils troussaient une fille, frisant leur moustache entre deux duels, bombant le torse dans les cafés des boulevards, ces «hommes des tavernes», comme les appelait Donnay, sont d'un autre âge. Place aux envoyés spéciaux du bout du monde, valise dans une main, bloc-notes dans l'autre, sautant d'un paquebot dans un train, d'un télégraphe à un téléphone! Les envoyés spéciaux des grands journaux – Jean Rodes du *Matin*, Louis Roubaud du *Quotidien*, Edouard Helsey (pseudonyme fabriqué avec les initiales de son nom: Lucien Coulond, L. C.), le fantasque André Tudesq, du *Journal*, Henri Béraud du *Petit Parisien* qui se qualifie lui-même de «flâneur salarié», Pierre Giffard du *Figaro* – se retrouvent aux quatre coins de la terre, guettant les frémissements de

l'actualité. L'un des plus célèbres d'entre eux est Ludovic Naudeau, correspondant du *Journal* pendant la guerre russo-japonaise de 1904. Capturé en plein champ de bataille à Moukden, il restera deux ans prisonnier. En 1917, il sera le premier à obtenir une interview de Lénine. Grognon et fort en gueule, sympathique et généreux, pour beaucoup, il est le prototype du reporter.

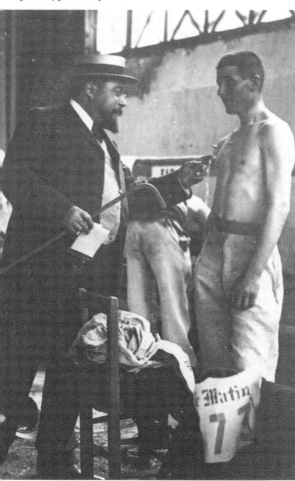

Ex-avocat devenu journaliste, Gaston Leroux se servit de son expérience de ces deux professions pour créer son sympathique héros Joseph Josephin dit Rouletabille, surdoué de l'enquête criminelle. Tout au long de romans qui le mènent chez le tsar ou chez Krupp, il résout énigmes et mystères grâce au «bon bout de sa raison». Il naquit d'une rupture entre Leroux et le dictatorial directeur du *Matin*. Tout séparait le jovial reporter aux façons très directes (on le voit ci-contre interviewant un soldat à l'arrivée d'une marche de l'armée) de l'arrogant Bunau-Varilla au regard aussi fuyant que le menton. C'est pourquoi *L'Illustration* et non *Le Matin* publie le premier *Rouletabille*. Il y aura cependant réconciliation : seize ans plus tard, le presbytère n'a rien perdu de son charme ni le jardin de son éclat; *Le Matin* offre à ses lecteurs les dernières aventures du génial reporter : *Rouletabille chez les bohémiens.*

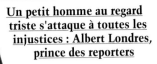

Un petit homme au regard triste s'attaque à toutes les injustices : Albert Londres, prince des reporters

Tout autre est son confrère et concurrent Albert Londres, dont pendant près de vingt ans on pourra voir la frêle silhouette, la barbe brune, la pipe et l'expression mélancolique sur tous les points chauds de la planète. Sa vraie carrière commence en 1914, lorsque le rédacteur en chef du *Matin*, qui n'a personne d'autre sous la main que ce petit chroniqueur parlementaire réformé, l'envoie assister au bombardement de la cathédrale de Reims. Londres a trente ans. Il se laisse aller et trouve d'emblée son style fait d'observations accumulées, traduites en notations très personnalisées. Sa description de la «cathédrale écorchée vive» paraît à la une, une place que Londres ne va plus quitter. Que ce soit au *Matin*, au *Petit Journal*, à l'*Excelsior* ou, plus longuement, au *Petit Parisien*, il va frapper fort : les Balkans, D'Annunzio prenant Fiume, la Russie des Soviets, l'Inde de Gandhi, le Djebel Druze, les sionistes en Palestine, les pêcheurs de perles en mer Rouge… et aussi, et surtout, ces lieux de souffrance et d'injustice qu'il va stigmatiser : le bagne de Cayenne (que ses articles, appuyés par ceux de Louis Roubaud et d'Alexis Danan, contribueront à faire fermer en 1937), les «Bat' d'Af'» à Biribi, les asiles de fous, l'Argentine de la traite des Blanches, l'Afrique de la traite des Noirs. Chacun de ses reportages touche au cœur le

Tous ceux qui connurent Albert Londres ne manquèrent pas d'être frappés par l'air nostalgique de ce grand reporter dont les articles étaient souvent drôles et pleins d'humour. Il ne se remit jamais de la mort prématurée de son épouse Marcelle Laforet, morte d'inanition durant leurs débuts difficiles, le laissant veuf et père d'une petite fille à vingt et un ans. Il n'appréciait guère les cérémonies et les voyages officiels (ci-dessous : journalistes et photographes au cours d'une tournée présidentielle en 1910). «Notre métier, écrivait-il, n'est pas de faire plaisir, non plus que de faire du tort. Il est de porter la plume dans la plaie.»

public, qui prend fait et cause pour les thèses qu'il défend, car Londres n'hésite jamais à affirmer ses positions. Ses formules font mouche : le Sénégal est pour lui «une colonie des ménages», l'Indochine «une colonie en bigoudis» dont il dit «après le feu sacré, le pot-au-feu». Appelé à couvrir en été 1924 le Tour de France cycliste, qui ne l'enchante guère, il trouve du premier coup un titre qui restera : «Les Forçats de la route».

Revenant de Shangai, il disparaît en 1932 dans des circonstances troublantes au cours du naufrage du paquebot *Georges-Philipar*. Ce grand aventurier de l'histoire immédiate ne savait pas nager.

Le 19 septembre 1914, Albert Londres écrit : «Ils ont bombardé Reims et nous avons vu cela.» Il décrit la cathédrale naguère «chantant son poème de pierre dans le fond de la plaine» devenue «un corps ouvert par le chirurgien et dont on surprendrait les secrets» (ci-dessus, en haut). Dans ce premier article, il sait transmettre au public son émotion extrême, comme il saura plus tard le faire sourire par un reportage sur l'empereur des Mossis.

Une armée en campagne connaît deux formes de journalisme : celle des correspondants de journaux civils, longtemps considérés par les états-majors comme une calamité, et la presse militaire proprement dite. L'importance de celle-ci n'avait pas échappé à Bonaparte qui avait créé *Le Courrier de l'Armée d'Italie* et *Le Courrier d'Egypte*, bulletins destinés aux soldats en opérations. En 1914, le divorce entre les commentaires des journaux de l'arrière et les préoccupations des troupes du front s'accentua tellement qu'il apparut utile que les journaux lus par les soldats fussent rédigés par des soldats : la presse pour l'armée faite par l'armée. Des imprimeries de campagne furent mises en place. A gauche : celle du journal militaire français *Face à l'est* dans la forêt de l'Argonne en 1915. A droite : un typographe soldat compose le journal allemand *Hurrah* sur le front.

Paris-soir

GRAND QUOTIDIEN D'INFORMATIONS ILLUSTRÉES

MERCREDI 10 OCTOBRE 1934 — 6ᵉ ÉDITION — 25 cent.

LE ROI ALEXANDRE ET M. BARTHOU ASSASSINÉS

Le souverain et le ministre des Affaires étrangères ont succombé à leurs blessures

LE GENERAL GEORGES EST MORT

AU MOMENT OU LE CORTÈGE ARRIVAIT PLACE DE LA BOURSE, A MARSEILLE,
PLUSIEURS COUPS DE FEU ONT ÉTÉ TIRÉS SUR LES VOITURES OFFICIELLES
LE SOUVERAIN, ATTEINT A LA POITRINE ET A LA TÊTE, A ÉTÉ TRANSPORTÉ
A LA PRÉFECTURE OU IL DEVAIT SUCCOMBER PEU APRÈS

Le meurtrier, un Croate, a été abattu par les agents alors qu'il tentait de se suicider

LA NOUVELLE DU CRIMINEL ATTENTAT EST ACCUEILLIE A PARIS AVEC INDIGNATION

Un Conseil de Cabinet s'est réuni d'urgence

Le roi Alexandre de Yougoslavie, blessé à mort, vient de s'écrouler tout ensanglanté sur le coussin de sa voiture alors que celle-ci passait sur la place de la Bourse

PHOTO DE NOTRE CORRESPONDANT PARTICULIER TRANSMISE DE MARSEILLE A PARIS-SOIR PAR BELINOGRAMME ET PARVENUE A NOS SERVICES QUARANTE-SIX MINUTES APRÈS L'ATTENTAT

En ces temps de l'entre-deux-guerres, il ne faisait pas bon se frotter au Consortium des cinq qui avaient traversé le conflit mondial sans trop appauvrir leurs tirages (six millions d'exemplaires au total); Coty en fit l'expérience. Enrichi dans l'industrie des parfums, cet ex–petit juge d'Ajacio va perdre tout l'argent que lui ont fait gagner les fragrances d'Origan.

Le 9 octobre 1934, *Paris-soir* sort une édition spéciale très complète sur l'assassinat du roi Alexandre Iᵉʳ de Yougoslavie une heure à peine après l'attentat. C'est un scoop!

et les senteurs de Chypre en tentant de lancer L'Ami du peuple au prix de 10 centimes, 15 de moins que les journaux du Consortium. Aussitôt, ses imprimeries tombent en panne, Hachette refuse de le distribuer, Havas lui coupe la publicité. Coty se bat, gagne ses procès... et doit finalement s'incliner, vendre à 25 centimes; le tirage baisse, c'est fini.

Le tandem Prouvost-Lazareff fait de «Paris-soir» un immense succès.

Il en sera tout autrement avec *Paris-soir* lorsque Jean Prouvost, industriel du textile, rachètera en 1930 ce journal fondé par le pittoresque anarchiste marseillais Eugène Merle, malin mais sans le sou, qui plafonne à 60000 exemplaires. En 1934, il dépassera le million d'exemplaires. En 1939, il atteindra les trois millions, record mondial.

Artisan de ce succès : Pierre Lazareff, le journal fait homme. Cri de guerre : «Pas de phrases, coco, les faits précis!» Petit rouquin vif aux lunettes sur le front, d'origine russe, il est engagé comme reporter (en culottes courtes) à quatorze ans par Raymond Manevy dans *Le Peuple.* A quinze ans, il travaille pour *Le Soir* de Paul Gordeaux et connaît tout Paris. A seize, il collabore à plusieurs publications en même temps. A vingt, il est chef des informations de *Paris-Midi*, un journal de turfistes tirant à 4000 exemplaires que Prouvost vient de racheter. Ils en font en quelques mois un journal populaire à 120000 exemplaires. Lazareff a pris avec lui deux garçons de son âge : Hervé Mille et Charles Gombault. C'est l'équipe qui va construire le succès de *Paris-soir.* Comme grands reporters, ils n'ont

René Barotte, qui assure pour *Paris-soir* le reportage de la venue à Marseille du roi Alexandre, assiste à l'arrivée du souverain et monte téléphoner, place de la Bourse : le journal, à Paris, boucle dix minutes plus tard. Tandis que le reporter dicte un article de routine au téléphone, il voit tout à coup «en direct» par la fenêtre un homme décharger son revolver sur le roi et le général Piolet étriper l'assassin. Au journal, on croit à une blague de Barotte quand il affirme : «Tu viens d'entendre les coups de feu!» Le rédacteur en chef, Pierre Lazareff, lui, a tout de suite compris. Il fait porter le tirage à trois millions d'exemplaires. Ils se vendront. Toute sa vie, Lazareff (ci-dessous) comprendra un peu plus vite que les autres.

pas choisi les plus mauvais : Pierre Mac Orlan, Blaise Cendrars, Jean Cocteau, Saint-Exupéry, Georges Simenon, Paul Bringuier, Roger Vailland...

Journaliste à dix-sept ans, grand reporter à vingt, célèbre à vingt-cinq : Joseph Kessel

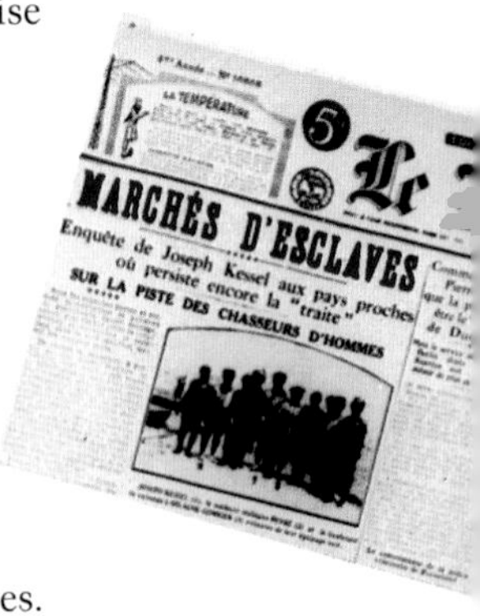
LA TEMPÉRATURE
MARCHÉS D'ESCLAVES
Enquête de Joseph Kessel aux pays proches où persiste encore la "traite"
SUR LA PISTE DES CHASSEURS D'HOMMES

En 1937 se joint à eux un homme au corps puissant, au visage précocement sculpté de rides, éclairé d'un regard d'une surprenante douceur : Joseph Kessel. Il est déjà en pleine gloire. Il est vrai qu'il a commencé jeune : à dix-sept ans, ce fils d'émigrés russes était rédacteur au très pondéré *Journal des débats* et, la même année, passait en sept mois une licence de lettres classiques. En 1916, il a dix-huit ans, il s'engage dans l'aviation, est cité à l'ordre de l'armée. Après la guerre, il fait le tour du monde, il est l'envoyé spécial de *La Liberté,* du *Figaro,* du *Journal.* Son roman *L'Equipage,* écrit en trois semaines, le rend célèbre à vingt-cinq ans. En 1930, son reportage sur la piste des marchands d'esclaves augmente le tirage du *Matin* de 150000 exemplaires : six mois d'aventures ininterrompues à travers l'Ethiopie, le désert de Somalie, la mer Rouge et le Yémen inconnu.

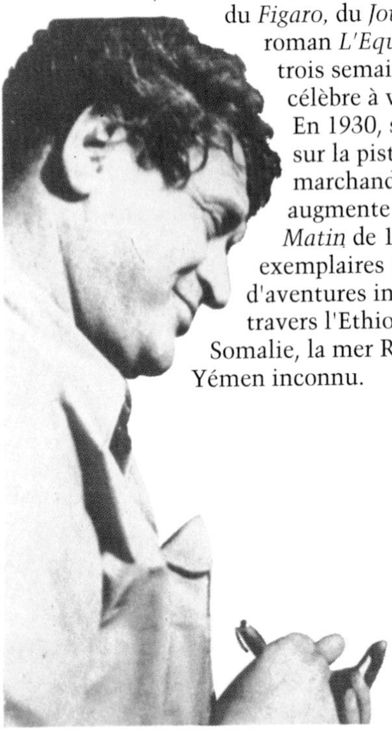

Pour ses cinquante ans, Joseph Kessel, après un long voyage en Beechcraft de tourisme, fut le premier civil étranger à atterrir officiellement sur un aérodrome israélien : Haïfa, que les Britanniques venaient de remettre au tout jeune Etat juif (ci-dessous, à gauche). Dans Tel-Aviv bombardé tous les jours par les avions égyptiens, il fut rejoint par d'autres reporters.

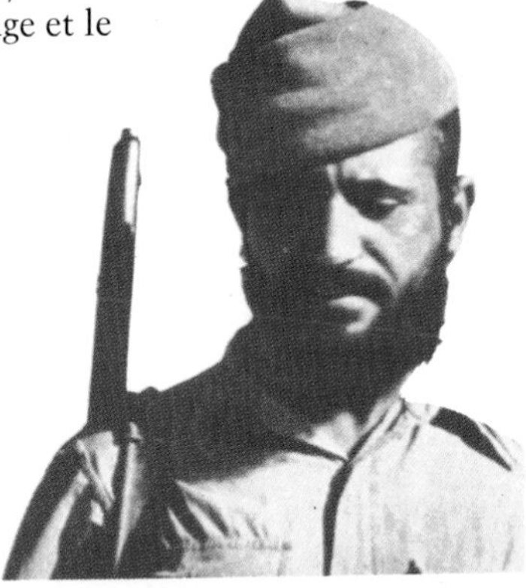

Avec *Paris-soir*, ce sera d'autres articles captivants sur la révolte des Druzes, la vie de Mermoz, la guerre civile espagnole... Pendant la Seconde Guerre mondiale, *Paris-soir* est évacué à Lyon, jusqu'à ce que Vichy l'interdise, en 1943.

Certains titres se sont sabordés, d'autres jouent la carte de la collaboration, tandis que naît une presse clandestine d'où surgiront les journaux de l'après-guerre. C'est le cas de *Défense de la France* que dirige Pierre Lazareff et dont en 1945 il fait *France-soir*. Kessel renoue alors avec ses exploits journalistiques : en Birmanie avec les trafiquants de rubis, au Kenya avec les Mau Mau en révolte, en Afghanistan avec les Tchopendoz du bouzkachi, le Jeu du roi. En 1948, il avait été le premier journaliste à mettre le pied sur la terre d'Israël constituée en Etat indépendant. Son passeport portait le visa numéro un.

En 1930, Joseph Kessel mit six mois pour réussir, avec l'aide d'Henry de Monfreid, son reportage sur la piste des derniers marchands d'esclaves africains, de l'Abyssinie au Yémen en passant par le désert de Somalie et la mer Rouge. Six mois d'aventures qui coûtèrent au *Matin* un million de francs-or, frais les plus élevés dépensés pour un reportage depuis l'expédition de Stanley. Ci-dessous, une rencontre avec des trafiquants ; Kessel est à cheval, à droite. «Les esclaves ne sont pas tous entravés, indique-t-il, mais le désert est là et les gardes ne quittent pas leurs armes.»

1re Année - N° 33
CHAQUE SAMEDI

L'HEBDOMADAIRE DU REPORTAGE

7 Novembre 1931
16 PAGES - 1 fr. 25

VOILA

CHASSEURS D'IMAGES

Lire, en pages 8 et 9, les émouvants reportages de
R. THOUMAZEAU
et George FRONVAL

Le progrès des techniques permet à la photographie, à la radio et à la télévision, successivement apparues, de concurrencer la presse écrite et de bouleverser les structures de l'information traditionnelle à leur profit. Pour relever l'embarrassant défi de l'audiovisuel, un nouveau journalisme s'élabore, fondé sur de nouvelles approches.

CHAPITRE VI

L'IMAGE PREND LE POUVOIR

Le début du XXᵉ siècle voit naître plusieurs magazines photographiques tels que *Voilà*, hebdomadaire de reportages en images fondé en mars 1931 par Joseph Kessel et Gaston Gallimard. Avec eux s'ouvre l'ère des documents pris sur le vif. Désormais, l'actualité aura un visage. «Dans vingt-cinq ans, tous les écrivains-reporters sauront manier une caméra», avait prédit Pierre Mac Orlan dans l'année 1928.

Parmi les facteurs de succès du *Paris-soir* de l'entre-deux-guerres, il y avait non seulement un ton très direct, la qualité et l'intérêt des grands reportages, mais aussi une mise en page aérée considérant le journal comme un objet graphique et surtout la présence, de plus en plus affirmée, d'illustrations photographiques. L'image venait renforcer les mots. Ce n'était pas un phénomène nouveau, mais il avait acquis une importance toute particulière, qui n'allait cesser de croître.

Gravures sur bois, lithographies : les journaux ont recours au dessin

La presse a très tôt fait appel au talent des artistes. Elle utilise d'abord la gravure sur bois pour reproduire leurs dessins «au trait» puis, grâce à l'invention du Bavarois Aloïs Senefelder en 1796, la lithographie, employée pendant tout le XIXe siècle.

La presse a aussi inventé, ou du moins popularisé, un genre de dessin particulier : la caricature, notamment dans les publications révolutionnaires puis dans les journaux satiriques, tels que *La Caricature* ou *Le Charivari* (quotidien en 1832) où travaillaient de vrais artistes comme Cham, Grandville, Gavarni ou Daumier, dont Valéry a dit qu'il était «le plus grand historien de cette époque». De nos jours, la caricature triomphe encore dans des publications qui l'emploient systématiquement, comme *Le Canard enchaîné*, mais elle égaie aussi les quotidiens et les hebdomadaires d'information générale, sous la forme de dessins politiques ou de bandes dessinées.

Christophe, puis Walt Disney sont les nouveaux feuilletonistes

C'est encore la presse qui a donné naissance à la bande dessinée, sorte de roman-feuilleton en images. Ses premiers créateurs s'adressaient aux seuls enfants. Leur précurseur fut Wilhelm Busch, dont les héros

Ce croquis de Daumier est un bon exemple de la souplesse graphique de cet artiste qui fut à la fois dessinateur, peintre, lithographe, graveur, sculpteur. Marseillais monté très jeune à Paris, où il hanta le musée du Louvre, il pressa sa première litho à seize ans. En 1830, il a vingt-deux ans quand il donne ses dessins au journal *La Silhouette*. Il collabore ensuite à *La Caricature* et au *Charivari*. Charles Philipon, directeur fondateur de ce quotidien satirique, se rendit célèbre sous la monarchie de Juillet en publiant une suite de dessins représentant la métamorphose du roi Louis-Philippe en poire.

Max et Moritz apparurent dans le *Fliegende Blätter* de Munich en 1859. Christophe, de son vrai nom Georges Colomb, dessine en 1889 la première bande française, *La Famille Fenouillard* dans l'hebdomadaire pour enfants *Le Petit Français illustré*. Lui succèdent Benjamin Rabier en 1903 *(Le Canard Gédéon)*, Louis Forton en 1908 *(Les Pieds nickelés* dans *L'Epatant)*, Alain Saint-Ogan en 1925 *(Zig et Puce* dans *Le Dimanche illustré)*.

Destinées très tôt aux adultes américains, en 1896 avec *Yellow Kid* de Richard Duteault dans le supplément du *New York Journal*, il faudra, en France, attendre 1930 pour que les bandes dessinées *Félix le Chat* de Pat Sullivan, puis *Mickey* de Walt Disney réjouissent chaque jour de leurs facéties les lecteurs du *Petit Parisien*.

La grande période des journaux satiriques ne commença vraiment qu'avec le règne de Louis-Philippe et se poursuivit sous le second Empire. L'opposition ralliait tous les caricaturistes, mais l'instauration de la république brisa leur unanimité. L'affaire Dreyfus accentua encore le clivage droite-gauche. *Le Diable,* dès son premier numéro, le 1er mai 1903, annonce sa couleur par un dessin de Jossot : les trois piliers de la société bourgeoise, le juge, le prêtre, le militaire, sont sous la main du diable qui dit : «Ceux-ci sont mes fils bien-aimés en qui j'ai mis toutes mes complaisances, écoutez-les.» Seule la Première Guerre mondiale, avec l'Union sacrée, peut refaire pour un temps l'unité des caricaturistes.

— Ceux-ci sont mes fils bien aimés en qui j'ai mis toutes mes complaisances ; écoutez-les !

L'Assiette au Beurre
N° 41. — 11 Janvier 1902.
30 Centimes.
L'ARGENT
PAR
FRANÇOIS
KUPKA

Le registre de la caricature va de la composition allégorique au portrait chargé et de la satire politique au tableau de mœurs. Le plus souvent, la caricature dénonce les contradictions de la société et les injustices qu'elles engendrent. Dans ce domaine, Honoré Daumier fut sans conteste le plus grand. En un peu plus de soixante ans, il dessina quelque 4000 caricatures, certaines d'inspiration dramatique ou tragique, qui constituent une extraordinaire et vivante chronique de son temps. Balzac y voyait l'indispensable complément à sa *Comédie humaine.* Les portraits de Léandre (ci-contre, en haut : Clemenceau) ou les allégories d'André Gill (ci-contre, en bas : *L'Enterrement de la caricature* en 1873 et *Le Journaliste de l'avenir* en 1875, quand le gouvernement de l'Ordre moral tentait de contrôler la presse) ne manquaient pas d'efficacité. Avec Kupka, la caricature touche à l'art expressionniste. Plusieurs futures célébrités de la peinture dessinèrent dans *L'Assiette au beurre* au début du siècle : Kees Van Dongen, Juan Gris, Jacques Villon, Félix Vallotton…

L'ENTERREMENT DE LA CARICATURE, par GILL

LE JOURNALISME DE L'AVENIR, par GILL

Avec «L'Illustration», on passe en un siècle de la revue dessinée au magazine-photo

En 1843, Paulen, Joanne et Charton lancent un hebdomadaire d'actualité privilégiant l'illustration, très judicieusement intitulé pour cela *L'Illustration* et réservé, compte tenu notamment de son prix, à un public aisé. Les possibilités techniques de l'époque n'autorisaient ni la rapidité ni le bon marché de ce type de revue. Le succès fut grand pourtant (18 000 exemplaires en 1866). Il devait durer plus d'un siècle et suscita des imitations : *Le Monde illustré* (33 000 exemplaires), *Le Journal illustré* (105 000 exemplaires).

Quelque trente ans plus tôt, l'ancien officier Joseph Nicéphore Niepce était parvenu à fixer sur papier imprégné de chlorure d'argent les traces d'une image projetée dans une chambre noire. Il s'associa avec le peintre Jacques Daguerre. Ensemble, ils découvrirent la photographie. Quel choc!

Ne nous emballons pas, toutefois. Longue pose et reproduction laborieuse freinent encore l'essor de la presse photographique. En 1855, pour fixer les images de quelques épisodes de la guerre de Crimée, le

Un monument de la bande dessinée : *Tarzan*, adapté à partir de 1929 par Harold Foster du roman d'Edgar Rice Burroughs, repris en 1936 par Hogarth qui lui donna son style définitif et sa vraie dimension. Il n'atteindra cependant pas les 90 millions de lecteurs du recordman de la catégorie : *Mandrake le magicien* par Lee Falk, paraissant dans 450 journaux depuis 1934. Ci-dessous : Alain Saint-Ogan fut le premier en France à utiliser systématiquement le phylactère dans *Les Aventures de Zig et Puce*. Page de droite : quelques couvertures de *Vu*, le premier hebdomadaire d'informations générales entièrement photographique, fondé en 1928 par Lucien Vogel, ancêtre des magazines modernes : *Life, Time, Newsweek, Paris-Match* (repris par Prouvost en 1938), *Jours de France, V.S.D., Epoca, Stern,* etc.

premier reportage photographique de l'histoire, il fallut à Robertson un quart d'heure de pose en plein soleil pour chaque vue, à condition que le sujet ne bouge pas. Sur le front des troupes, ce n'est pas très commode. L'instantané prenait son temps. Il faisait la pause.

La reproduction n'était ni aisée ni rapide : des ouvriers spécialisés devaient réaliser le difficile report de la photo sur un bois gravé. Il fallut la découverte de la photogravure chimique en 1850, puis celle de la similigravure (trames de points plus ou moins serrés pour reproduire les parties plus ou moins foncées) en 1882 pour rendre plus courant l'usage de la photographie. Ceci pour la typographie. Pratiquement en même temps, la gravure en creux évolue vers l'héliogravure (la première rotative hélio tourne en 1890), la gravure à plat vers l'offset (lithographie sur zinc), mais les répercussions sur la presse n'en seront visibles que dans le deuxième quart du siècle et surtout après la Seconde Guerre mondiale.

Photographie et bélinogramme au service de l'actualité vivante

En 1910, Pierre Lafitte lance l'*Excelsior*, premier quotidien illustré de photographies. C'est un petit peu tôt tout de même : il faut deux jours, au mieux, et beaucoup de frais pour imprimer ces photos. Quelques années encore et, en 1928, Lucien Vogel peut lancer *Vu*, le premier hebdomadaire de grande information systématiquement illustré de photographies, bientôt suivi de *Voilà* de Gaston Gallimard et Florent Fels. Cette fois, ça y est : la photo est prête à conquérir la presse. D'autant qu'en 1907 Edouard Belin a découvert la transmission à distance d'épreuves photographiques, par fil d'abord, par radio en 1921.

Par sa force et sa vérité, la photo ravit la première place au texte

Dès lors, on commence à voir les journalistes aller par deux sur les reportages : l'homme des mots, celui des images. Dès son premier article sur la cathédrale de Reims, Albert Londres avait avec lui le photographe Moreau, de même que Joseph Kessel travaillera avec Robert Zucca ou Paul Esway.

Qu'on ne s'y trompe pas cependant : de ces deux activités apparemment et obligatoirement complémentaires, l'une conquiert la place de l'autre. Jusque-là – mis à part le cas particulier de certaines caricatures –, les mots étaient plus subversifs que les images. On ne se relevait pas d'un mot de Rochefort, d'une formule d'Albert Londres.

La photographie, par son impact immédiat et son fort potentiel émotionnel, inverse les facteurs. Désormais, c'est de l'image de Pétain serrant la main d'Hitler à Montoire que vont se souvenir des milliers de personnes, bien plus que des commentaires écrits. Le public tout entier est fait témoin de cette scène historique. Il ne l'oubliera pas.

Des deux formes du reportage, la photo et le texte (ci-dessus), c'est souvent l'image qui l'emporte : pour beaucoup de Français, le 24 octobre 1940, ce sera à jamais la main de Pétain dans celle d'Hitler.

Photographes et agences se disputent le marché mondial des images

La photo prise par Nick Ut (qui lui valut le prix Pulitzer) d'une petite Vietnamienne atteinte par une bombe au napalm et hurlant de peur et de douleur, ou celle, prise par Catherine Leroy, d'un G.I. anonyme mort en attaquant la colline 881 ont fait plus pour la cessation de la guerre au Viêt-nam que bien des campagnes politiques. C'est pourquoi la photo est devenue si importante aussi bien dans les quotidiens que dans les *news magazines*.

En plus des services photos des journaux, des agences spécialisées voient le jour. Les trois agences françaises Gamma, Sygma (la plus importante du monde en chiffre d'affaires) et Sipa passent pour les meilleures avec Magnum et Black Star. Elles font travailler une nouvelle race de grands reporters : les photographes d'actualité. Ils ont au plus haut point le sens de la confraternité. Au plus haut point aussi, ils se livrent une concurrence acharnée. Pour réussir une photo «pas comme les copains», un photographe est prêt à tout. Les photos d'audience ont été interdites, parce que pendant le procès du docteur Petiot des photographes à la recherche du bon angle avaient été jusqu'à s'asseoir sur les genoux du président de la cour d'assises!

La photo ci-dessous a fait la une de tous les journaux du monde et a valu à son auteur les deux plus importants prix de photoreportage, le Pulitzer et le World Press Photo. Elle a été prise le 8 juin 1972 au Viêt-nam du Sud par Huynh Cong Ut, dit Nick Ut, pour l'Associated Press, dont Horst Faas, lui-même Prix Pulitzer, dirigeait à l'époque l'agence de Saïgon. Elle montre un groupe d'enfants fuyant le village de Trang Bang bombardé. Parmi eux, une fillette nue, en larmes, atteinte par les projections du napalm. A droite, on peut voir qu'un photographe, David Burnett, recharge son appareil. «La photo est une petite arme pour changer le monde», a dit un jour Henri Cartier-Bresson.

Quand la fièvre du «scoop» s'empare des reporters, les photographes sont les plus atteints

Dès qu'il y eut deux journaux face à face, ils tentèrent de paraître l'un avant l'autre et d'annoncer l'un plus que l'autre. Ainsi naquit la névrose dont est victime toute la presse d'actualité, la hantise du scoop : être le premier à publier une information ou un document, encore mieux être le seul. Chacun cherche à obtenir ce visa numéro un qu'avait eu Kessel en Israël. Dans une telle course, les photographes sont les plus opiniâtres, poussés qu'ils sont par la lutte des agences et des magazines.

Certes, c'est un journaliste de presse écrite, Jean-François Armorin, grand reporter à *Franc-Tireur*, qui parvint en 1947 à se faire hisser sur l'*Exodus* quand le bateau quitta Port-de-Bouc avec 4000 réfugiés juifs à bord, pour son odyssée devenue célèbre. Mais c'est avec un appareil photo que Gil Delamare fut parachuté sur le *Santa-Maria*, paquebot portugais pris en otage avec ses 552 passagers par le capitaine Galvao et son commando insurrectionnel, en 1961.

A la recherche de tous les points chauds de l'actualité : les photoreporters

Au Moyen-Orient, au Nicaragua, en Afghanistan, en Chine, les journalistes de l'image forment une petite communauté d'êtres à part, vivant avec leurs Leica, leurs Rolleï, leurs Nikon. Ils payent parfois de leur vie leur audace incroyable. Daniel Camus, vingt-deux ans, photographe à Diên Biên Phû, prend vingt rouleaux de film en cinquante jours de combat, en sauve trois pour *Paris-Match* avant d'être fait prisonnier. Il s'en tire, mais Jean Roy,

En 1961, 300 reporters cherchent à deviner où va accoster le *Santa-Maria* dont s'est emparé le capitaine Galvao, insurgé portugais. Louis Dalmas, fondateur de l'agence photo qui porte son nom, trouve le code maritime du *Santa-Maria* et prévient le capitaine mutin qu'il lui parachute un photographe, le cascadeur Gil Delamare (ci-dessous, à droite). Comme il se méfie des concurrents, il ajoute : «Il y aura peut-être un deuxième para, laissez-le dans l'eau, c'est un agent américain.» Gil Delamare, parvenu à bord, prendra tranquillement ses photos, tandis que le second para, Charles Donnay de *Paris-Match*, barbotera longtemps dans l'eau avant d'être recueilli par la chaloupe d'un destroyer américain.

de *Paris-Match* aussi, est tué pendant la guerre de Suez alors qu'il filmait un échange de blessés près de Port-Saïd. Jean-Pierre Pedrazzini, de *Paris-Match* encore, est abattu par un char russe à Budapest. Sa seule préoccupation sur son lit de mort : les photos sont-elles bonnes ? Elles l'étaient. Gilles Caron, de l'agence Gamma, reporter de légende toujours sur place avant les autres, disparaît au Cambodge en 1970. Combien d'autres !

Dans ce remarquable instantané de mai 1968 (ci-dessus), Gilles Caron a gelé la dynamique des mouvements au plus fort de leur signification. En trois ans et sept reportages chocs, Gilles Caron, petit blondinet poids plume en imperméable gris, réinventa la chasse aux images d'actualité et lança l'agence Gamma qui devint l'une des premières du monde. Il débuta avec elle pendant la guerre des Six Jours en 1967, étonnant ses confrères par son audace et sa faculté de précéder tout le monde là où il fallait être, mais aussi par sa réelle culture, son engagement et son sens de l'information. Cartier-Bresson voyait en lui un successeur.

Mourir pour Budapest

Grand, mince, avec un physique de jeune premier romantique, Jean-Pierre Pedrazzini faisait partie de l'équipe de reporters-photographes qu'Hervé Mille avait constituée peu à peu à *Paris-Match* à partir des années cinquante et dont il disait : «Ils ont le talent mais aussi l'élégance.» Fin octobre 1956, Jean-Pierre, à l'issue de son voyage de noces en URSS, rejoint Vick Vance à Vienne pour couvrir l'insurrection qui vient de se déclencher en Hongrie. Le 25, ils passent la frontière grâce à un garde qui avait vécu à Paris. A Budapest, les gens crient «Liberté» et brûlent les portraits de Staline (page suivante). Dans la matinée du 30 octobre, la foule se rassemble sur une place (ci-contre), les soldats se sont ralliés aux ouvriers insurgés. Deux chars avancent parmi les acclamations. Leurs tourelles pivotent… Ils mitraillent les manifestants. Ce sont des chars russes (pages suivantes) camouflés. Pedra photographie. Il est fauché par une rafale, se relève, est à nouveau touché. Transporté à l'hôpital, rapatrié à Paris, il mourra de ses blessures quelques jours après son retour.

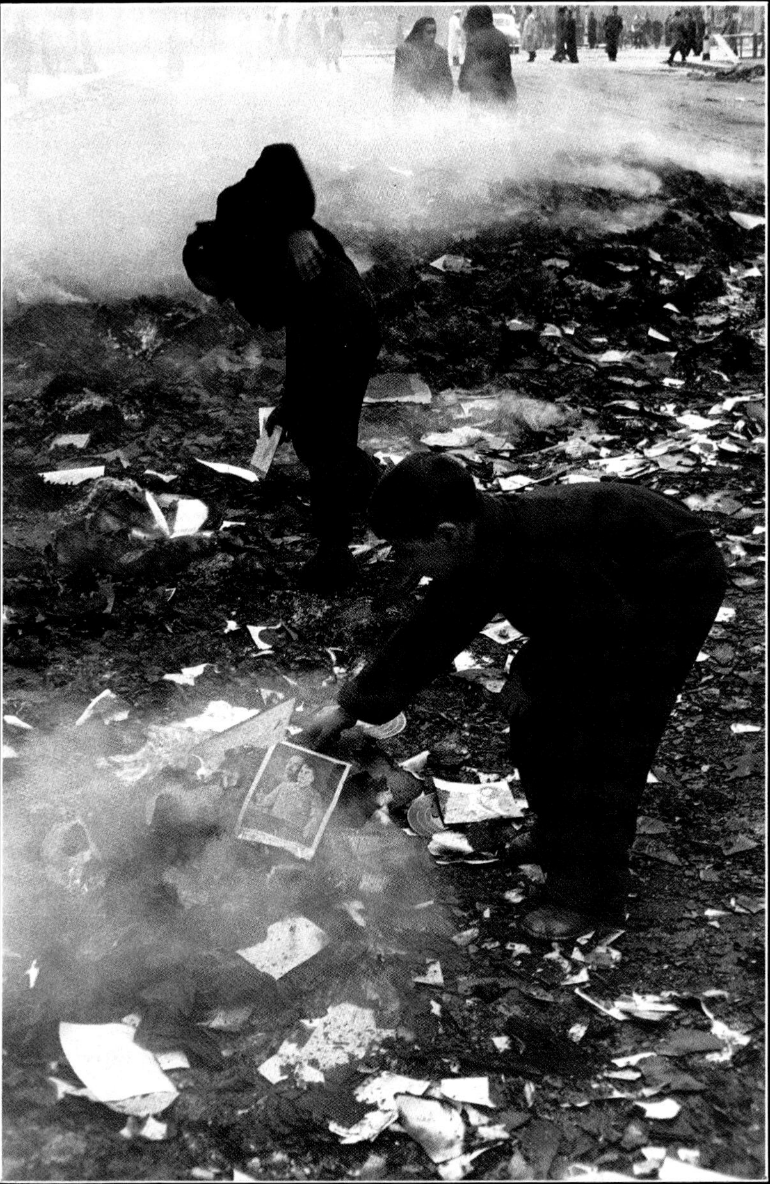

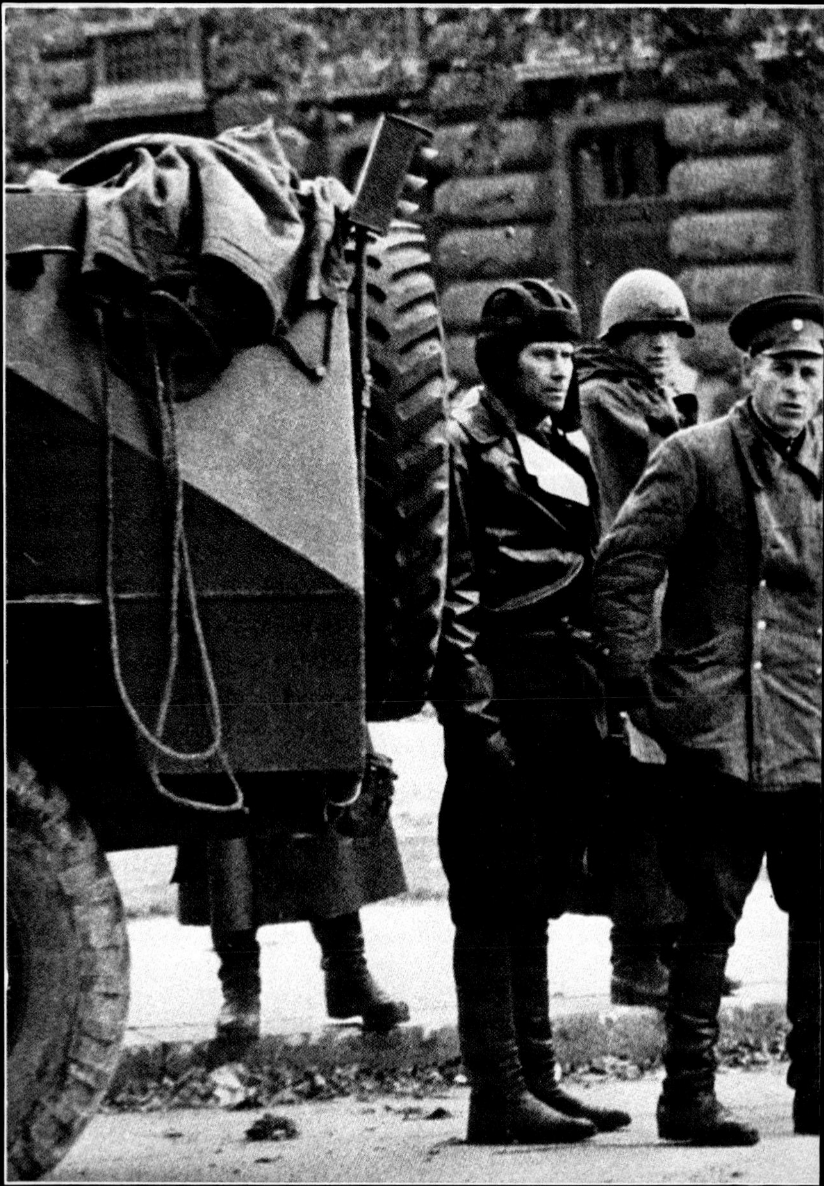

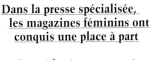

Dans la presse spécialisée, les magazines féminins ont conquis une place à part

Parmi les journaux qui ont su à merveille utiliser les possibilités de la photographie, il faut ne pas omettre les magazines féminins. Les femmes figurent dans la presse de deux manières : comme journalistes au même titre que les hommes ou dans les journaux spécifiquement destinés aux femmes.

Dans le premier cas sont Olympe de Gouges (que ses articles pendant la Révolution enverront à la guillotine), Pauline de Meulun (chroniqueuse au *Publiciste* de Suard, Guizot l'épousera), Delphine Gay, la femme de Girardin, Marie d'Agoult et George Sand, évidemment, Séverine, compagne de Jules Vallès et sa collaboratrice au *Cri du Peuple*. Et surtout, plus tard : Andrée Claudius-Jacquet, première grand reporter. Elle signe Andrée Viollis. C'est un Albert Londres au féminin. Elle fut d'ailleurs sa consœur au *Petit Parisien*. Petit bout de femme toujours élégante, elle est partout à l'aise car rien ne lui fait peur. Elle commence sa carrière en 1914 par des articles sur le front où elle est infirmière. Ses reportages en Russie soviétique («Seule en Russie»), en Chine («Robe de mousseline dans les rizières») la rendirent populaire.

Les premiers magazines féminins datent de 1750 : *Les Spectatrices* de Mlle Barbier, *Le Journal des dames* de Mme de Maisonneuve. Premiers journaux féministes : *La Voix des femmes* d'Eugénie Niboyet et *La Tribune des femmes* de l'ex-institutrice Pauline Roland. Le plus

Le style déchirant de Séverine, de son vrai nom Caroline Rémy (ci-contre, à gauche), la fit surnommer «Notre Dame de la larme à l'œil». Sa vibrante oraison funèbre de Rodin, en 1917, arracha des sanglots à l'assistance. Sa générosité, sa jeunesse, ses grands yeux clairs et sa bouche gourmande séduisirent Jules Vallès quinquagénaire; il la fit débuter dans son *Cri du Peuple*. Elle rejoignit ensuite l'équipe exclusivement féminine de Marguerite Durand à *La Fronde*, où travaillait Andrée Téry, mère de Gustave Téry qui devint rédacteur en chef de *L'Œuvre* et épousa Andrée Viollis (ci-dessous), première femme grand reporter, mère de Simone Téry, journaliste à *L'Humanité*.

curieux fut *La Fronde* de Marguerite Durand, 1898, «journal entièrement fait par des femmes», y compris la composition, la mise en page, l'impression! Plus proches de nous : *Le Journal de la femme* de Raymonde Marchard (1928), *Marie-Claire* (1932) avec Marcelle Auclair et *Elle* créé en 1945 par Hélène Gordon-Lazareff.

Hélène Gordon-Lazareff veut faire d'«Elle» un journal féminin sans pépin

De famille juive émigrée comme son futur mari, rousse et petite comme lui, Hélène Gordon-Lazareff (1909-1972) était pleine de charme mais déterminée. Elle arrive en France très jeune, obtient sa licence ès lettres, enchaîne sur des études d'ethnologie, elle fait même un reportage sur les Dogons de la boucle du Niger dans *L'Intransigeant*. En 1936, elle rencontre Pierre Lazareff, travaille pour *Paris-soir* et *Marie-Claire*. A son retour des Etats-Unis après la guerre, elle conçoit et lance *Elle*. D'emblée, c'est un succès. Elle décide seule du sommaire du journal, pieds nus dans son bureau. Si un article ne lui plaît pas, elle y dépose simplement les pépins de mandarine ou de raisin qu'elle grignote toute la journée. Son triomphe : le sondage qui établit qu'une lectrice d'*Elle* sur quatre est... un lecteur.

Les nouveaux médias : radio puis télévision obligent la presse écrite à définir des stratégies d'innovation

A la fin du XIXe siècle, Guglielmo Marconi fait ses premières transmissions hertziennes. La radio est née. Elle donne la parole à la presse. Dès 1920, un premier bulletin quotidien d'actualités était

Ci-dessus, le premier numéro de *Elle*, le 21 novembre 1945. Hélène Lazareff (ci-dessous dans un tailleur Chanel qu'elle affectionnait) le dirigea au coup de cœur et à l'intuition pendant vingt-sept ans. Elle engagea Françoise Giroud et Marcelle Segal, soutint Dior, Chanel et Courrèges, photographia en couverture les inconnues qu'étaient Brigitte Bardot, Sophie Litvak ou Twiggy, fit et défit la mode et imposa sa manière, le «style *Elle*».

radiodiffusé aux Etats-Unis.
En France, Maurice Privat,
journaliste toulousain à la
faconde inépuisable, obtient en
1922 d'installer un petit studio
tendu de cretonne rouge dans la
base du pilier Nord de la tour
Eiffel. A partir de 1924, il émet
chaque jour un journal parlé
rédigé par une équipe qu'il a
réunie.

L'avantage principal – il est de taille – de la radio
sur la presse écrite est le caractère quasi instantané de
la transmission des nouvelles. Elle est et restera le
média par excellence de l'actualité vivante.

Les grands journaux, d'abord adversaires déclarés de
cette nouvelle venue, ont essayé ensuite d'avoir leur
propre émetteur : Poste parisien pour *Le Petit
Parisien*, Radio Cité pour *L'Intransigeant*, Radio 37
pour *Paris-soir*, etc. Peu à peu semblait s'établir une
sorte de répartition des fonctions lorsque survient une
nouvelle partenaire : la télévision.

La télévision fait de l'information un spectacle et modifie les attentes du public

En 1935, une station expérimentale avait été ouverte
sur la tour Eiffel, mais ce n'est vraiment qu'après la
guerre que l'Europe commencera à découvrir les
pouvoirs réels et virtuels de la télévision, qui allait
devenir le «mass media» par excellence.

En France, Wladimir Porché, directeur général
d'une télévision qui n'émet encore que douze heures
par semaine, se laisse convaincre en 1949 par un
jeune comédien de trente et un ans, Pierre Sabbagh,
de créer un journal trihebdomadaire en images, le
premier «journal télévisé», pour moins de 10000
spectateurs. Ce n'est guère, Georges de Caunes le
souligne en commençant son émission par :
«Messieurs les directeurs, Monsieur le téléspectateur.»
Bientôt pourtant, ce journal devient quotidien, puis
biquotidien. La télévision va grandir jusqu'à devenir
un phénomène de société. Pour se rallier une
audience de plus en plus large, elle pratique quasi

Dans le magnifique
immeuble
construit en 1924
par Léon Bailby pour
L'Intransigeant au
100 de la rue Réaumur
à Paris – qui devint
à la Libération le siège
de *France-Soir* –, le
nombre de lignes
téléphoniques était
considérable; le célèbre
Cassandre s'attache
à les mettre en valeur
dans l'affiche ci-dessus.
Dès qu'il le put, le
journal prit la parole
avec Radio Cité, pour
mettre le monde à
l'écoute de *L'Intran.*
Les stations privées se
multiplièrent, tandis
que le Radio Journal
de France, placé en
1927 sous le contrôle
du ministère des PTT,
était rattaché à la
présidence du Conseil
en 1938; ce fut le début
de ce qui allait devenir
un monopole d'Etat
et aboutir à la création
de l'ORTF en 1964.

systématiquement une théâtralisation de l'information, ce qui modifie considérablement le rôle du journaliste ainsi que celui du public. Il ne suffit cependant pas de faire remarquer que le commentaire de tout un journal télévisé remplit à peine deux colonnes du *Monde*, il convient d'établir quelle place peut occuper la presse écrite dans la nouvelle donne de la communication.

De l'«investigation» à la «participation», le nouveau journalisme passe aussi par un style

Face à des concurrents redoutables, la presse écrite a réagi de diverses manières. Beaucoup de quotidiens régionaux, par exemple, ont développé à la fois les faits divers locaux et les services aux lecteurs, tentant d'établir avec ceux-ci un dialogue; mais bientôt la

A partir du roman d'anticipation de Herbert George Wells (*La Guerre des mondes*), Orson Welles bâtit un scénario agencé comme un reportage réel, décrivant l'arrivée d'envahisseurs martiens sur la terre, et réalisé avec une rigoureuse précision. Il déclencha sur tout le territoire américain une panique sans précédent. Ainsi fut démontré de façon éclatante l'effet de surdramatisation des informations produit par la radio.

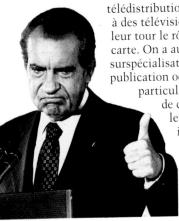

télédistribution (câble) va permettre à des télévisions locales de jouer à leur tour le rôle de partenaire à la carte. On a aussi assisté à une surspécialisation, chaque publication occupant un créneau particulier. Mais les satellites de diffusion (desservant les récepteurs individuels) et le câble (une fibre optique porte plus de 200 canaux) vont donner naissance à des chaînes très spécialisées.

Le 8 août 1974, Richard Nixon annonce qu'il démissionne de son poste de Président des Etats-Unis d'Amérique. Le 17 juin 1972, cinq hommes avaient été arrêtés dans l'immeuble du Watergate alors qu'ils posaient des micros espions dans les bureaux du Parti démocrate. Entre ces deux dates, vingt-six mois de révélations suscitées par l'enquête du *Washington Post* : financement illégal des campagnes du Parti républicain, police parallèle, corruption, détournement des fonctions du FBI et de la CIA...

La solution est probablement ailleurs : dans une redéfinition du fond et de la forme de l'information écrite, telle que l'ont amorcée, encore timidement, quelques *news magazines* hebdomadaires ou mensuels. Les règles établies par les Américains – division des rôles entre journalistes (enquêteurs, reporters, rewriters), vérification soigneuse des faits, «cinq W», concision des phrases et précision du style, construction de l'article – ont conduit à différents types de journalisme : le *precision journalism* applique aux reportages l'objectivité scientifique des sciences d'observation, l'*adversary journalism* pratique une méfiance systématique à l'égard des pouvoirs publics et adopte une attitude d'opposition envers les sources officielles d'information, l'*investigation journalism* vise à enquêter par tous les moyens sur ce que ces pouvoirs publics pourraient cacher. L'affaire du Watergate et l'enquête de Carl Bernstein et Bob Woodward du *Washington Post* constituent le modèle du genre.

En 1970, l'écrivain Tom Wolfe réinvente après Truman Capote une forme de journalisme littéraire qui avait fait les beaux jours de la presse française du XIXᵉ siècle : il s'agit d'appliquer au reportage la technique et le style du roman, ainsi que n'ont jamais cessé de le faire de grands reporters tels que Jean Lartéguy ou Lucien Bodard.

En France, non seulement l'investigation mais aussi la participation (qui consiste pour un journaliste à s'impliquer totalement dans son enquête) connaissent des réussites incontestables. Mais seule sans doute l'élaboration d'un style nouveau de communication permettra à la presse écrite de compenser la puissance suggestive et l'effet de présence dramatique des images et des sons. Peut-être les journaux sont-ils en train de découvrir dans leurs traditions un peu trop vite oubliées une approche nouvelle de l'événement et une façon de le traiter qui les inciteront à se resituer par rapport aux autres médias et par rapport à un public qui, lui aussi, paraît en pleine mutation. La grande aventure de la presse est loin d'être terminée.

MATCH
32 PAGES COULEURS
LE PELERINAGE
DE PAUL VI

Le Souverain Pontife à genoux au Cénacle. Ici, à la veille de mourir, Jésus partagea avec ses disciples le pain et le vin de la Cène.

Les dates du voyage du pape Paul VI en Terre sainte en 1964 s'accordent mal avec celles du bouclage de *Paris-Match.* Alors, le journal frète une caravelle et l'aménage en rédaction volante.

A bord : Lacaze, Chaland, Maquet, rédacteurs en chef adjoints, Walter, Carone, chefs du service photo, et une bonne soixantaine de journalistes et de photographes. Photos développées, choisies, et mises en page dans l'avion, articles et légendes rédigés, il n'y avait plus à l'atterrissage qu'à porter le tout à l'imprimeur. *Paris-Match* sortait avant tout le monde une édition spéciale Terre sainte.

TÉMOIGNAGES
ET DOCUMENTS

Patrons de presse au XIXᵉ siècle

Ami d'un ministre ou victime de poursuites judiciaires selon les gouvernements, « clodoche politique » ou « remueur d'idées », le patron de presse, craint et redouté à la fois, est la cible préférée de ses collaborateurs.

Girardin par Touchon

Publiciste français, né en Suisse en 1802, de parents inconnus. Voici comment on explique que les auteurs de ses jours furent dans l'impossibilité de le reconnaître : accusant, dès le berceau, une facilité de transformation qu'il a d'ailleurs pleinement justifiée depuis, il serait venu au monde en criant : « VIVE LE ROI ! »... et au moment où l'on allait le déclarer à la mairie, se serait mis à crier : « VIVE LA RÉPUBLIQUE ! » Ce brusque changement expliquerait assez que ses parents ne l'aient pas reconnu.

Jusqu'à l'âge de vingt-cinq ans, il fut commis d'agent de change sous le nom de Delamothe. En 1827, il changea ce nom en celui de Girardin. Dix ans plus tard, d'ailleurs, le général Alexandre de Girardin déclara être son père. Fallait donc le dire tout de suite !...

Nommé inspecteur des Beaux-Arts sous le ministère Martignac, il gagne des appointements en fondant deux journaux : *Le Voleur* et *La Mode,* et ne prévoyant pas encore qu'il deviendrait républicain en 1848, il fit couver cette dernière feuille par la duchesse de Berry dont les armoiries ornaient chaque numéro.

Il fonda, en 1831, *Le Journal des Connaissances Utiles,* au nombre desquelles connaissances utiles il oublia de faire figurer le danger qu'il y avait, pour les actionnaires, à souscrire aux mines de Saint-Bérain, et autres choses itou, qu'il devait lancer plus tard. Comme il avait fait subventionner *La Mode* par la duchesse de Berry, il sut faire subventionner son Panthéon littéraire par Monsieur Guizot ; cet homme intelligent eût fait subventionner *La Marseillaise* par le comité Albufra, si *La Marseillaise* lui eût appartenu. Rien ne nous ôtera de l'idée que, sur certains crânes humains, la bosse de la subvention existe. Gall l'a oubliée ; mais elle y est.

Il fonda *La Presse* (1836), tira de suite un grand nombre d'exemplaires, et sur Armand Carrel, qu'il tua en duel.

Député en 1848, il vota avec la Montagne tout comme si la duchesse de Berry et le ministère Guizot n'avaient jamais subventionné ses anciens journaux, et finit par inventer, en 1852, la candidature du prince de Joinville à la présidence de la République, après avoir, quatre ans auparavant, soutenu celle de Louis-Napoléon.

Depuis cette époque, la contenance de Monsieur Émile de Girardin n'a plus été qu'une longue suite de travestissements et de changements à vue, dont nous croyons l'énumération inutile. Nos lecteurs se rendront d'ailleurs facilement compte des évolutions de ce clodoche politique en se transportant dans le magasin de la Belle Jardinière, et en y essayant, pendant un quart d'heure, devant une glace, les costumes les plus variés de coupe et de couleur. Ils pourront faire quelques grimaces pour obtenir un résultat plus exact.

Monsieur de Girardin a donné au théâtre deux drames : *Le Supplice d'une femme,* qui a obtenu un grand retentissement, grâce à sa mise sur pied par Alexandre Dumas fils ; mais, toujours modeste et voulant prouver que Dumas n'était pour rien dans ce succès, il a donné, à lui tout seul, *Les Deux Sœurs,* qui ont eu, environ, une représentation et demie.

Dans la vie privée, Monsieur de Girardin est un homme charmant ; les jeunes journalistes reçoivent de lui d'excellents conseils, il leur donne plus particulièrement celui-ci :

« Dites toujours : "L'ordre dans la liberté... la liberté avec l'ordre... pas de liberté, pas d'ordre... sans ordre, pas de liberté...". Vous terminerez par : "Confiance !... Confiance !...". Et avec ça les gouvernements peuvent changer vingt-six fois par mois, vous êtes toujours du dernier ».

Comme il faut qu'il change quelque chose, le jour où Monsieur de Girardin ne change pas d'avis, il change de chemise, ce qui l'expose à passer, pendant des mois entiers, pour un homme mal soigné.

Il est dans l'intimité du prince Napoléon, comme il était le protégé de la duchesse de Berry, et se fit le souteneur du prince de Joinville ; tous les parents de monarques lui doivent quelque chose, ce qui a fait dire qu'il n'avait pas son égal pour se rattraper aux branches... aînées et cadettes.

Voici la fin prédite à Monsieur de Girardin par la nécromancienne assermentée du « Trombinoscope » de *L'Éclipse.*

Monsieur de Girardin sera fait sénateur par l'Empire en 1870 ou 1871, en récompense des nombreux services rendus par lui à toutes les causes qui pouvaient lui faire espérer un porte-feuille, après lequel il n'a cessé de courir, en vain, pendant trente-cinq ans, comme un chien qui veut attraper sa queue...

L'Éclipse,
11 juin 1870

Girardin par Vallès

Me voici enfin devant lui. Quel visage blafard ! quel masque de Pierrot sinistre !

Une face exsangue de coquette surannée ou d'enfant vieillot, émaillée de pâleur, et piquée d'yeux qui ont le reflet cru des verres de vitres ! On dirait une tête de mort, dont un rapin farceur aurait bouché les orbites avec deux jetons blancs, et qu'il aurait ensuite posée au-dessus de cette robe de chambre, à mine de soutane, affaissée devant un bureau couvert de papiers déchiquetés et de ciseaux les dents ouvertes. Nul ne croirait qu'il y a un personnage là-dedans !

Ce sac de laine contient, pourtant, un des soubresautiers du siècle, un homme tout nerfs et tout griffes qui a allongé ses pattes et son museau partout, depuis trente ans. Mais comme les félins, il reste immobile quand il ne sent pas, à sa portée, une proie à égratigner ou à saisir.

Le voilà donc, ce remueur d'idées, qui en avait une par jour au temps où il y avait par soir une émeute, celui qui a pris Cavaignac par le hausse-col et l'a jeté à bas du cheval qui avait rué contre les barricades de Juin. Il a assassiné cette gloire, comme il avait déjà tué un républicain dans un duel célèbre. On ne voit plus, sous sa peau ni sur ses mains,

trace de sang ; ni le sien, ni celui des autres !

Non, ce n'est pas une tête de mort ; c'est une boule de glace où le couteau a dessiné et creusé un aspect humain, et buriné, de sa pointe canaille, l'égoïsme et le dégoût qui y ont fait des taches et des traînées d'ombre, comme le vrai dégel dans le blanc du givre. Tout ce qui évoque une idée de blêmissement et de froid peut traduire l'expression de ce visage.

Il m'a laissé de son spleen dans l'âme, de sa neige dans les artères.

Je suis sorti en grelottant. Dehors il m'a semblé que mes veines étaient moins bleues sous l'épiderme brun, et j'ai roulé des yeux blancs vers le ciel.

D'ailleurs je lui avais amené, en ma personne, un pauvre et un simple. Il l'a deviné tout de suite, je l'ai vu, et j'ai senti que, déjà, il me méprisait.

J'allais lui demander un avis, un conseil, et même, dans son journal, un coin où mettre ma pensée et continuer, la plume à la main, ma conférence de combat. Qu'a-t-il dit ?

En langage de télégramme, avec deux mots gelés il m'a réglé mon compte.

« Irrégulier ! Dissonant ! »

A toutes mes questions, qui parfois le pressaient, il n'a répondu que par ce marmottement monotone. Je n'ai rien pu tirer autre chose sur ses lèvres cadenassées.

« Irrégulier ! Dissonant ! »

Rencontrant Vermorel, le soir, je lui ai conté ma visite, et j'ai vomi ma colère. Lui avait revu Girardin ; il m'a brusquement interrompu :

— Mon cher, il ne prend que des gens dont il fera des larbins ou des ministres et qui seront son clair de lune... pas d'autres ! Il m'a parlé de votre entrevue. Savez-vous ce qu'il m'a dit de vous ? Votre Vingtras ? Un pauvre diable qui ne pourra pas s'empêcher d'avoir du talent, un enragé qui a un clairon à lui et qui voudra en jouer, au nom de ses idées et pour la gloire, taratati, taratata ! « Croit-il pas que je vais le mettre avec mes souffleurs de clarinette, pour qu'on ne l'entende plus ?

— Il a dit cela ?

— Mot pour mot. [...]

Jules Vallès,
L'Insurgé

Villemessant vu par Vallès

Drôle d'homme !

C'est un Girardin avec de gros yeux ronds, les bajoues blêmes, la moustache d'une vieille brisque, la bedaine et les manières d'un marchand d'hommes, mais amoureux de son métier et arrosant d'or ses « cochons vendus ».

Capable de massacrer de sa blague féroce un rédacteur qui a fait four chez lui, mais, deux minutes après, « pissant de l'œil », comme il aime à dire, au récit d'une misère de foyer, d'une maladie de gamin, d'une infortune de vieillard ; vidant sa poche à sous et celle à louis dans le tablier d'une veuve en larmes, d'un geste aussi crâne que celui avec lequel il crevait la paillasse à l'orgueil d'un débutant, ou même d'un ancien ; s'asseyant sur toutes les délicatesses des gens, l'animal ! mais ayant le cœur sous la fesse !

Il faut que ses bonisseurs attirent la foule ! Si un des gagistes ne fait pas l'affaire, il lui flanque son sac devant le public, à la parade, et lui fait descendre, la tête en bas, l'escalier de la baraque. Il exige des sujets qui, sur un signe de lui, cabriolent et se disloquent, sautent un lustre, fassent craquer le plafond ou le filet...

Je ne lui en veux pas de ses brutalités graissées de farce !

« Eh ! là-bas ! le croque-mort, j'ai quelque chose à vous demander ! C'est-il vrai que quand vos parents sont venus à Paris, pour s'égayer, vous les avez conduits à la Morgue et au Champ-des-Navets ? Oui ?... Ah ! zut, alors ! Et moi qui veux des rigolos ! Vous ne l'êtes pas pour deux sous, vous savez ! Non, vrai, vous n'êtes pas rigolo ! Ah ! je sais bien ce qu'il faudrait pour faire faire risette à monsieur... une bonne révolution ? Si ça ne dépendait que de moi... mais que dirait "mon Roy" ? Voyons, oui ou non, sans barguigner, fusillera-t-on papa à l'avènement de Sainte-Guillotine ? »

Ma foi, non ! Après tout, il a ouvert un cirque à toute une génération qui se rongeait les poings dans l'ombre ; sur le sol où l'Empire avait semé le sel biblique de la malédiction, il a jeté, lui, le sel gaulois à poignées, de ce sel qui ravive la terre, assainit les blessures, et remet la pourpre dans les plaies ! Paris lui doit, à ce patapouf, un regain de gaieté et d'ironie. Légitimiste, royaliste ? allons donc ! Il est un blagueur de la grande école, et, avec son journal tirant à blanc contre les Tuileries, le premier insurgé de l'Empire.

Girardin aussi.

Il en est du momifié de *La Liberté* comme du poussah du *Figaro*. Si l'on casse la glace dans laquelle il a mis refroidir son masque, on trouve de la bonté tapie dans la moue de ses lèvres,

et des larmes gelées dans ses yeux froids.

Il n'a pas le loisir d'être sentimenteux, le pâle, ni d'expliquer son dédain de l'humanité, ni pourquoi il a le droit de fouailler, en valets, ceux qui sont gens à se laisser fouailler, les pleutres ! Il n'insulte pas ceux qu'il estime, pas de danger !...

Shakespeariens à leur façon, ces deux journalistes du siècle : l'un traînant le ventre de Falstaff, l'autre offrant la tête d'Yorick aux méditations des Hamlets !

Idem

La police au « Rappel »

Il y a poursuites judiciaires ? Perquisition de police ? On les raconte. *Le Rappel* est mort, mais l'histoire de ses malheurs va servir la liberté de la presse :

Il y a aujourd'hui dix-huit jours, le jeudi 10 juin, nos bureaux avaient une physionomie singulière. A peine en avais-je passé la porte, que je vis fonctionner dans toute sa perfection cet appareil ingénieux, beau et simple, qui tend à s'élever de nos jours à la hauteur d'une institution, et que l'on nomme une *souricière*. Trois messieurs, de mine peu avenante, étaient placés à la première porte. Ils me laissèrent pénétrer sans difficulté. Ces trois messieurs représentaient l'huis de la souricière, qui permet d'entrer mais non de sortir. L'un d'eux murmura dans sa barbe : « En voilà un de pincé ! » C'était exact.

Je poussai la porte de notre salle de rédaction et j'examinai rapidement l'intérieur de la souricière. Une douzaine d'individus s'occupaient silencieusement à diverses besognes.

Lorsque j'entrai, ils s'interrompirent un instant, et me regardèrent de leurs yeux ternes, puis se remirent à l'ouvrage : les uns ficelaient des journaux, d'autres paperassaient dans nos buvards ; un gros homme barbu venait de renverser le contenu d'un encrier dans une sébile de pains à cacheter. Etait-ce simple maladresse ou profondeur politique ? Mystère.

Je tournai le dos à ces modestes serviteurs de l'Empire libéral, et j'entrai dans le cabinet de MM. Meurice et Vacquerie, où je comptais rencontrer les chefs de la troupe.

J'y trouvai effectivement deux commissaires assistés de quelques comparses. J'ignore encore les noms de ces deux magistrats, et comme je serai obligé, pour la clarté de ce récit, de les distinguer l'un de l'autre, je me bornerai à dire que l'un était un grand chauve et l'autre un petit brun.

J'eus d'abord affaire au premier. En me voyant entrer, il se leva tout droit et m'interpella vivement.

— Qui êtes-vous, monsieur ? Moi, je suis commissaire de police.

Je déclinai mes noms, et j'ajoutai :

— Y a-t-il de l'indiscrétion à vous demander ce que vous faites là ?

— Une perquisition, monsieur, et je saisis.

— Vous avez un mandat de justice ?

— J'ai des mandats de M. le préfet de Police.

— Veuillez les exhiber.

Le commissaire tira de sa poche une liasse de mandats signés : *Piétri*.

— Permettez, repris-je, que je vérifie ce que vous nous prenez.

Et je me mis à feuilleter les nombreux papiers mis de côté par le commissaire.

Rien d'intéressant : des lettres de correspondants, des brouillons d'articles, les mille et une paperasses qui encombrent un bureau de rédaction. Des épreuves même étaient pieusement recueillies.

Il y avait un papier mis à part avec un soin particulier. Diable ! une liste ! une liste d'une trentaine de noms ! Le perspicace commissaire croyait certainement tenir là les noms de farouches conspirateurs. C'était tout

bonnement la liste des personnes chargées de nous apporter les résultats des élections, et les adresses mises en regard étaient celles des sections de vote.

J'en fis l'observation au grand commissaire chauve, qui me répondit solennellement :

— La justice appréciera.

A ce moment, le petit commissaire brun s'approcha de son collègue ; quelques mots furent échangés à voix basse.

Puis le grand commissaire chauve m'interpella :

— Monsieur, nous avons à exécuter contre vous personnellement un mandat d'amener et de perquisition.

— Contre moi ! fis-je étonné.

— Le voilà.

Je lus avec ébahissement que M. Piétri recommandait à ses agents de m'amener à la préfecture de Police, sous l'inculpation de complot contre la sûreté de l'État, et de rechercher chez moi « tous papiers et écrits suspects, armes, munitions de guerre, etc. »

J'appris aussi que des mandats semblables étaient décernés contre trois de nos collaborateurs, et qu'on allait m'emmener chez moi sous bonne garde pour procéder à la perquisition.

L'affaire se corsait ; ma curiosité était fort éveillée.

— A votre aise, messieurs, répondis-je.

Je pensais à part moi : « En vérité, tout cela est trop fort ! et il ne sera pas dit que ces choses étranges se passeront ici sans qu'on en sache rien au dehors... Il faut le dire. Comment faire ? La porte est gardée... mais il y a les fenêtres... En voici une qui est entrebâillée. »

Je tire un londrès de ma poche et je repasse dans la première salle. Trois hommes silencieux me suivent. J'ouvre un placard. Six yeux curieux y plongent. J'en extrais une boîte d'allumettes, j'allume le londrès, et je me rapproche de la fenêtre entrebâillée. Je jette les yeux sur les personnes qui traversaient la cour. J'aperçois mon ami Gaulier, rédacteur du *Temps*, qui allait à son journal. Je le hèle. Il lève la tête et je lui crie discrètement :

— La police est chez nous ! mandat d'amener contre moi, contre...

Un certain nombre de bras me saisissent. On me pousse au fond de la salle, et le grand commissaire chauve me dit avec une solennité toujours croissante :

— Monsieur, ce que vous venez de faire est très inconvenant.

Je ne pus m'empêcher de riposter :

— Ah ! de grâce, monsieur, ne parlons pas de convenances ; je serais obligé d'apprécier trop sévèrement ce que je vois faire ici.

Là-dessus, je pris un fauteuil et j'attendis.

Édouard Laferrière,
Biographie du Rappel

Henri Rochefort remarque dans *Le Soleil,* en 1866, les disgrâces étranges dont souffrirent parfois certains articles

Vous voulez bien me demander, Madame, pourquoi mon article de dimanche dernier était à la fois si court et si énigmatique. Ah ! Madame, le vieux refrain qui dit *le travail c'est la liberté* aurait dû au moins faire une réserve pour le travail des journalistes qui est précisément tout le contraire. Comme dans toutes les maisons de pure tolérance, la cloison qui sépare les choses qui nous sont permises de celles qui nous sont défendues est extrêmement mince. Or il paraît que j'avais défoncé la cloison dans un alinéa où je traitais de matières qui, à mon avis, cependant, étaient bien moins économiques que les fourneaux qui portent ce nom. Il s'agissait des souscriptions ouvertes en faveur des inondés, mais mon ami et rédacteur en chef m'a fait comprendre que, dans le moment même où l'on faisait un procès à un confrère pour avoir discuté le droit des pauvres, il était assez imprudent de discuter les devoirs des riches.

– Voyez vous-même, m'a fait observer mon rédacteur en chef, pour laisser passer votre article tel quel, je crois qu'il faudrait d'abord se soumettre au timbre et déposer un cautionnement de trente mille francs. La main sur la conscience, croyez-vous que l'alinéa en question vaille trente mille francs ?

– Non, lui dis-je, succombant à l'évidence, il n'en vaut pas plus de dix-huit mille.

– Modeste et pas de talent ! s'écria mon rédacteur en chef en me tendant la main, voilà qui est rare !

On lia donc mon article sur un lit sortant des ateliers de Procuste, ce célèbre ébéniste, et Nélaton vint procéder à l'amputation qui fut supportée, du reste, avec le plus grand courage. Il en est résulté que ma dernière chronique boîtait visiblement, mais mieux vaut encore marcher sur une seule jambe que d'être étranglé comme les sept journalistes de Madrid.

Le Soleil,
12 octobre 1866

Profession photoreporter

« Notre raison d'être, c'est l'attention quotidienne portée aux événements et aux hommes. Se dire qu'il va peut-être se passer quelque chose, anticiper. Nous sommes d'abord des journalistes. Des journalistes qui font des photos. »

Henri Bureau

Le prix des images

L'histoire est célèbre : en 1963, un chemisier de Dallas filme pour son plaisir John Kennedy qui traverse, sourire aux lèvres, la ville en voiture découverte. Ce film couleur, qui ne devait être qu'un joli souvenir, est devenu un des plus précieux documents de l'histoire du photojournalisme. Le commerçant est le seul à posséder les images de l'instant où le président des États-Unis est atteint par les balles. La mort en direct. Des images hors concours, qui valent de l'or. Le magazine *Life* met le paquet. Cinquante millions de francs. En 1963... Aujourd'hui, on pense que le chemisier aurait pu demander le double.

On raconte n'importe quoi sur le prix des images. Rumeurs, secrets de polichinelle, intox. Régulièrement, une vente d'exception fait parler d'elle mais ces ventes astronomiques sont aussi rares que les événements qui les provoquent : guerre des Malouines, assassinat de Sadate, débarquement américain à la Grenade.

« La vente est un jeu », affirment les vendeurs, entre eux et les magazines. Au centre, les images dont la valeur dépend d'une multitude de paramètres dont les principaux sont l'importance de l'événement, le caractère exclusif ou non des images, le nombre et le budget des acheteurs potentiels. Jamais les ventes « historiques » n'ont été aussi nombreuses que durant les années 1980 à 1982.

Deux années de temps forts : invasion soviétique de l'Afghanistan, début de la guerre Irak-Iran, événements en Pologne, prise d'otages américains à l'ambassade de Téhéran, tentative d'assassinat contre Reagan et contre le pape, élection présidentielle de 1981 en France, mariage du prince

Charles avec lady Di, assassinat de Sadate, guerre des Malouines, mort de Grace de Monaco, massacres dans les camps palestiniens de Sabra et Chatila, disparition de Brejnev. Mais aussi deux années folles où les « scoops » vont se succéder à une vitesse grand V et donner lieu, en France, à une belle empoignade entre deux magazines aux budgets photos impressionnants : *Paris Match* et *VSD*. Tout est donc réuni pour faire grimper le prix des images. Trois gagnants à coup sûr : les agences, les vendeurs et les lecteurs. Les magazines ? Pas toujours...

Comme le dit Alain Dupuy de Sygma, « il y a des noms qui marchent fort ». Surtout lorsqu'ils sont « paparazzités ». En tête du box office, Stéphanie de Monaco, puis sa sœur Caroline (« leur frère Albert beaucoup moins »), lady Diana, mais aussi Isabelle Adjani, Catherine Deneuve, Alain Delon, Gérard Depardieu, Jean-Paul Belmondo, les couples, même éphémères, comme Johnny Hallyday et Nathalie Baye ou Anthony Delon et Stéphanie de Monaco. Des personnalités de l'actualité, saisies dans des contextes dramatiques, sont aussi l'objet de forts enjeux. Lech Walesa par exemple. « J'ai acheté à la chaîne américaine ABC six photos du leader de Solidarnosc en décembre 1981, juste avant son arrestation, pour la somme de 80 000 dollars. Sans le voir. Les images étaient mises aux enchères entre les trois grandes agences. Je n'ai ni gagné ni perdu d'argent », raconte Goksin Sipahioglu, le patron de l'agence Sipa.

Chaque agence a ses « scoops » célèbres. Pour Gamma, c'est sans conteste ses images de la guerre des Malouines qui ont rapporté à l'agence autour de 2,5 millions de francs. Pour Sygma, c'est l'invasion américaine à la Grenade : « près de 3 millions de francs de recettes pour les photos et 2 millions de francs en droits de télévision », affirme Hubert Henrotte. Sans parler du prestige qui rejaillit sur ces agences à l'occasion de tels « coups ».

Alain Dupuy date l'inflation des prix à la mort de Claude François en 1978 : « On a commencé à parler en briques. » Il est vrai que les disparitions de personnalités, à commencer par celle du général de Gaulle ou celle, plus récente, de Grace de Monaco, font grimper les ventes des magazines. L'invasion soviétique en Afghanistan intervient un an après la mort de Claude François. François Lochon se souvient que son « scoop » a été vendu 60 000 F à *Match* : « C'était une somme énorme pour l'époque. Michel Sola, de *Match,* est venu négocier à l'agence, ce qui ne s'est jamais reproduit. Aujourd'hui, ces photos vaudraient huit fois plus cher. C'est la guerre des Malouines, en 1982, qui a bouleversé le marché : 42 « briques » payées par *VSD* pour un reportage sur des soldats anglais arrêtés par les Argentins au début du conflit ! »

Les vendeurs sont bien placés pour apprécier l'évolution des prix. Ils sont même directement intéressés puisqu'ils touchent 10 % du prix de vente des photos à la presse, ce qui leur confère des revenus confortables, autour de 70 000 F par mois, et les place le plus souvent en tête des « salaires » de l'agence, devant les photographes. Beaucoup, parmi ces derniers, sont d'ailleurs « agacés » par cette situation qu'ils trouvent « scandaleuse », expliquant avec ironie que les vendeurs sont bien payés pour des gens dont « le seul risque qu'ils prennent est de se casser la gueule en scooter ».

« Je vends d'abord un reportage pour sa qualité, quitte à me faire « chier » pour imposer une petite photo en noir et blanc ; mais le marché est devenu fou. Aujourd'hui, nous sommes obligés de donner les images au plus offrant. Tout le monde sait que les photos peuvent s'acheter très cher, il y a même des gens qui appellent à l'agence, dès qu'un train déraille, pour nous dire : "Je veux tant d'argent !" » La remarque de François Caron, de Gamma, illustre bien le sentiment des vendeurs face à une logique commerciale qu'ils jugent incontrôlable.

Alain Dupuy, de Sygma, en a tiré les conséquences : « Il y a aujourd'hui une chasse au fric qui n'existait pas il y a quinze ans. C'est devenu démentiel. Ça m'agace qu'un photographe qui risque sa vie au Liban gagne moins bien sa vie que moi, que je puisse gagner 2 briques en une heure sur un gros « coup ». Il y a six ans, j'ai donc décidé de devenir salarié. Je gagne 62 000 F par mois et je pars en week-end tranquille. » Michel Chiche Portiche, de Sipa, est encore plus définitif : « On parle beaucoup plus d'argent qu'avant. Les photographes n'arrêtent pas de demander combien j'ai vendu. C'est bien simple, le pognon est en train de tuer la profession. »

Michel Guerrin,
Profession photoreporter,
Gallimard, 1988

L'aventure et le marché

L'évolution du photojournalisme a commencé il y a vingt ans, quand les reporters photographes ont vu débarquer au Viêt-nam, et travailler à leurs côtés, des cameramen de télévision, dont les images avaient l'avantage – apparent – de bouger, et surtout d'être diffusées en direct dans les foyers des combattants. Il y a vingt ans aussi, de grands hebdomadaires illustrés, comme *Life,* commençaient à se lézarder et à perdre de l'argent pour disparaître quatre ans plus tard. Il y a vingt ans enfin, presque à l'autre bout du monde, personne ne faisait attention à une modeste agence qui venait de se créer dans un petit trois-pièces, à Paris, et qui répondait au nom étrange de Gamma. Gamma tombe à pic. Au début des années 70, beaucoup annoncent la fin du photojournalisme, lorsque les dinosaures de la presse illustrée chutent un à un. Ce n'est que la fin d'une époque. En fait, il y a une place à prendre, celle du leadership sur le marché de l'image d'actualité. Avec son fonctionnement original, le talent de quelques noms, Gamma la prendra, consacrant ce qu'on va appeler le « photojournalisme à la française », fait de risque, de rapidité et de débrouillardise. Après trois ans d'existence, Gamma est la première agence photographique du monde par son chiffre d'affaires. Sans que l'on s'en rende bien compte, la Bourse internationale de l'image de presse a quitté les États-Unis pour se fixer à Paris.

Le Viêt-nam, enfin, va faire naître des vocations. Le nombre des photojournalistes a doublé aux États-Unis dans les années 70, passant de dix mille à vingt mille. Le phénomène est identique en Europe. Le nouveau paysage est en place : des terrains journalistiques de plus en plus « contrôlés », la télévision qui concurrence durement la photo, les grands magazines qui ferment leurs portes ou qui sont contraints de modifier leur politique de l'image, les photographes qui sont de plus en plus nombreux. Autant de facteurs qui vont bouleverser le traitement photographique de l'actualité durant ces vingt dernières années. Le photojournalisme était une aventure. Il l'est toujours, mais plus seulement. Il n'est pas encore une industrie, mais il en prend le chemin. Le photographe était roi en 1968. Aujourd'hui, il n'est qu'un maillon de la chaîne, plus ou moins respecté. [...]

Certains parlent de crise. D'autres d'« adaptation » aux nouvelles conditions du marché de la presse. Le développement spectaculaire des agences durant ces vingt dernières années coïncide avec une insatisfaction croissante des photographes. Là n'est pas le moindre des paradoxes. C'est oublier que les exigences de ces structures de plus en plus lourdes ne sont pas toujours compatibles avec les aspirations – quelle qu'en soit la dimension – du photographe. Beaucoup se posent des questions. Certains en ont tiré les conséquences,

s'éloignant inexorablement de ces « usines à photos ». D'autres l'ont fait déjà depuis longtemps, voire depuis toujours. Comme pour mieux combler un manque, des petites agences ont vu le jour dans les années 70 et 80 : Contact et JB Pictures aux États-Unis ; Vu en France. Qu'elles le revendiquent ou non, ces trois agences de photographes, et non de photographies, ont un modèle, né il y a plus de quarante ans à New York : l'agence Magnum, où des photographes comme Sebastiao Salgado et Josef Koudelka perpétuent, dans des genres différents, cette formidable école de cadrage. Des photographes plus ou moins éloignés des terrains chauds de l'actualité. Où l'on découvre, alors, que les meilleurs témoignages sur l'évolution des sociétés nous sont offerts par des photographes qui ne se sont jamais revendiqués comme reporters.

Idem

« Je me demande si j'étais fait pour être reporter »

Tu as commencé comment ?

Je devais avoir seize ans. Après un apprentissage à Villefranche-sur-Saône, j'ai écrit à Paris, à des gens qui figuraient dans le *Bottin* comme « reporters-photographes ». J'ai eu une réponse : un type formidable, un de ces mariolles de l'après-guerre qui s'appelait Louis Foucherand. Quand je l'ai rencontré, il m'a demandé si j'étais paysan, j'ai répondu en rougissant « agriculteur » ! Il m'a engagé comme assistant, c'était inespéré. Et je dois dire qu'il m'a beaucoup appris. Sur la technique, bien entendu, mais aussi sur le métier : c'est là que j'ai su qu'il ne fallait jamais donner ses négatifs. C'était un baroudeur qui avait tout connu, un débrouillard à la limite du voyou parfois, spécialiste des coups montés. J'ai ensuite travaillé pour l'Agence Dalmas, une autre équipe de mariolles qui n'acceptaient pas très bien le petit jeune que j'étais, qui déchiraient mes contacts au labo pour que mes images ne paraissent pas. Ils étaient pourtant la meilleure introduction possible au monde difficile du photo-journalisme. Les photographes de Gamma, tout comme moi-même, nous sommes leurs enfants, capables de faire tous les travaux demandés, Brigitte Bardot et le Tchad. Je n'avais pas le même caractère que ces durs qui m'ont beaucoup appris, j'ai suivi une autre route et parfois je me demande si j'étais fait pour être reporter.

Comment as-tu commencé à traiter des sujets internationaux ?

Le hasard, une fois de plus. Et un drame. J'étais à l'Agence Dalmas, une opération survie qui se déroulait dans le Sahara tournait à la catastrophe, certains participants mouraient de soif. J'étais seul disponible, on m'a envoyé. Mes images ont fait sept pages dans *Match*, c'était la gloire, à l'agence on a commencé à me considérer autrement. On m'a mensualisé ! Ce reportage a été décisif, j'ai rencontré le désert qui est devenu une de mes grandes passions, un lieu qui me porte chance et où j'ai envie de me réfugier lorsque je vais mal. Plus tard, il y a eu, pour Gamma, le Tchad, le Vietnam, le Chili, le Liban, l'Afghanistan.

C'est dans ces grands voyages que tu te sens le mieux pour photographier ?

Pas forcément, même si j'ai envie de repartir à certains endroits, au Tchad surtout. Mais j'ai le sentiment, au bout de vingt ans de photographie, qu'il y a des lieux que l'on sent étrangers. Le désert est pour moi un asile privilégié, comme un souvenir d'enfance, alors que je suis insensible à la forêt vierge. Et je suis certain que, partout, il faut du temps pour bien traiter le sujet, pour sentir un reportage. Aujourd'hui, je suis un peu épuisé d'avoir été toujours pressé, pressé par l'actualité, la demande. Les meilleurs moments sont ceux où je peux prendre mon temps, me balader et parler de lieux auxquels je suis sensible. Par exemple, je suis parti en reportage au Chili pour le premier anniversaire de l'Unité Populaire, à un moment où cela n'intéressait personne. J'avais gagné cinq mille francs en réalisant un reportage sur Persépolis et j'étais passionné, de par mes origines paysannes, par la réforme agraire. Aucun journal n'a été intéressé par mes images, il a fallu attendre la mort d'Allende pour que le reportage soit publié...

Il arrive souvent que les reportages ne paraissent que très longtemps après leur réalisation ?

Lorsque tu veux travailler un sujet en profondeur, prendre ton temps, voir et sentir, tu ne peux pas produire pour l'actualité immédiate qui exige les images sur-le-champ, pour la « Une » des journaux. D'autant qu'à Paris, dans leur bureau, les rédacteurs ont dans leur tête la photo idéale, la photo *a priori* qui viendrait confirmer leur texte. Ils ne cessent de penser à l'image d'actualité qui leur donnerait le Prix Pulitzer et sont toujours déçus que la réalité ne coïncide pas avec leur vision journalistique. Je préfère choisir un sujet, le traiter, puis le faire monter à la « Une » parce que mon reportage dit une réalité importante. En ce moment, il y a une dizaine de conflits armés où la puissance de feu est comparable à celle de Stalingrad, pourtant, personne n'en parle. J'aime être en avance sur l'actualité, la sentir bouger, flairer les tensions. En 1968, j'étais en train de faire un reportage sur Fayçal d'Arabie qui n'intéressait évidemment personne. Je n'étais pas tellement concerné par des événements que je ressentais comme essentiellement urbains, intellectuels aussi. On se moquait de moi quand je suis rentré, mais mon reportage est sorti trois ans plus tard, au moment des péripéties pétrolières.

Mais le Tchad reste ta grande aventure. Tu en es le journaliste complet.

Une longue histoire et un bon exemple d'intervention. On ne peut pas influer sur l'événement mais jouer sur son actualité. C'est parce que j'ai photographié les « rebelles », ramené un film et une interview de Madame Claustre, et que j'ai orchestré la diffusion de ces documents, de l'A.F.P.

à la télévision, que l'on en a autant parlé. Et puis, dans le désert, je me retrouve réellement confronté à la situation du photo-journaliste. Qu'est-ce que c'est que l'engagement ? Dans quelle situation nous trouvons-nous ? Au Tchad, je connais bien les combattants des deux camps, je connais bien les chefs et j'ai des sympathies. Mais il faudrait y rester en permanence. Une des dernières fois où j'y suis allé, un combattant m'a dit : « Tiens, Depardon, on ne te voit que quand il y a la guerre ! » Je n'avais pas le sentiment d'être là pour la guerre, mais il avait peut-être raison. Cela fait partie des nécessités qui te remettent en cause, des réflexions sur le rôle de tes images. Tu te heurtes aussi à des moments impossibles. Un jour, avec des ambassadeurs, je suis passé dans l'autre camp pour faire des photos. En rentrant, on m'a demandé où se trouvait la pièce d'artillerie du camp adverse. Je ne pouvais pas répondre, et ces moments-là sont très durs. [...]

Tu te considères comme un journaliste ?

Comment dire ? Le journaliste est comme une bête à l'affût qui traite finalement de sujets abstraits. En étant photographe, tu te heurtes davantage à la réalité. Tu es obligé de te situer physiquement. J'ai l'impression que les photographes veulent tous être des artistes, accrocher leurs images aux murs des musées et des galeries. Je sais que je serai toujours membre de cette communauté errante et minoritaire mais je crois que ce n'est pas ainsi que l'on peut juger les images de reportage. Il est évident qu'une bonne photo est une bonne photo, qu'elle obéit à certaines lois de composition et de cadrage, mais, si on regarde les images de Capa, par exemple, qu'est-ce qui est

le plus important, ses cadrages ou la formidable information qu'il a donnée sur des événements ? L'essentiel c'est de travailler, d'analyser ses propres photos : savoir – j'ai été très dérangé de constater que je mettais souvent les gens devant un mur pour les photographier... Koudelka a raison de dire qu'il faut « bouffer ses contacts », se frotter à sa production. Je suis par exemple bien conscient qu'à Magnum, qui est une grande école de cadreurs, je suis plus faible que d'autres dans ce domaine rigoureux. Or, les images qui restent et qui frappent, sont celles qui sont les mieux composées, les plus parfaites formellement.

Tu te dis timide, tu soulignes les difficultés d'un métier que l'on perçoit généralement comme brillant et luxueux. L'image du reporter aventureux et mondain est morte ?

Non, mais j'ai personnellement besoin de m'arrêter parfois et de faire le point. Je suis incapable de tourner sans arrêt d'un conflit à un autre. Un nouveau reportage est aussi une forme de bilan : on se repose les mêmes questions, comment faire, sous quel angle commencer ? Pour ne pas dormir sur ses lauriers, il faut savoir que chaque sujet est toujours aussi difficile que le précédent, que rien n'est jamais gagné d'avance.

J'ai vécu cette situation au Liban, lorsque je suis parti faire mon premier reportage pour Magnum. J'y suis resté deux mois alors que les autres photographes étaient repartis, que l'actualité s'était déplacée. J'ai douté de ce que je pouvais faire, je me suis souvent demandé pourquoi j'étais là. Et puis, j'ai ramené le sujet, *Stern* a passé seize pages. J'ai eu le sentiment de ne pouvoir avancer que par cette série d'interrogations et de confrontations à la réalité.

Lorsque tu parlais de la responsabilité du reporter dans l'information, tu n'évoquais pas le rôle des choix de la presse...

C'est une vieille rengaine. Il est certain que certains supports cherchent l'image violente, une forme du sensationnel marchand. Pourtant, la violence existe, elle ne me fascine pas, mais je l'ai vécue ; j'ai entendu le bruit des balles, sans vouloir jouer à l'ancien combattant, et on peut toujours en prendre une en plein cœur. Mais il y a une façon de montrer la violence qui ne rajoute pas une dramatisation photographique, il y a aussi des situations où tu ne fais pas la photo. Cela m'est arrivé au Liban où, devant un sujet rare, un combattant mort veillé par la famille, j'ai embrassé le mort sur le front, selon la tradition locale, et je n'ai pas pu faire la photo, malgré une lumière extraordinaire. D'une certaine façon je le regrette peut-être parce que ça aurait pu être une très bonne photo. Il y a aussi des moments où l'on sent que l'on doit s'abstenir : un jour au Bangladesh, lorsque l'on a voulu exécuter des prisonniers devant les photographes, pour la photo, Marc Riboud est parti. Les autres sont restés et ont eu le Prix Pulitzer.

Il faudrait aussi que les photographes aillent dans les rédactions, qu'ils discutent, qu'ils donnent des renseignements, qu'ils fassent valoir

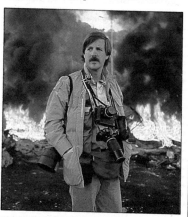

leur point de vue. Il ne faut pas démissionner ; il est toujours possible de se faire entendre, je l'ai fait plusieurs fois, et avec succès. Le plus difficile reste aujourd'hui de publier des sujets complets sur un événement. Le livre reste certainement le support idéal pour éditer son travail en contrôlant son expression. Le livre de Susan Meiselas qui montre son reportage sur le Nicaragua, un travail de plusieurs mois sur une révolution, sur la vie des guerilleros et leur combat, va sortir. C'est une très bonne démonstration de ce que le photo-journaliste peut apporter ; il faudrait pouvoir le faire plus souvent.

Mais est-il vraiment possible de tout contrôler ?

Non, bien entendu, c'est impossible. Tout d'abord on n'a pas le temps. Puis, des images échappent toujours. Lorsque j'étais en Afghanistan, mon guide m'a accompagné dans un petit village. Dans cette vallée riche en noyers, lorsqu'un visiteur se présente, on l'accueille en jetant vers lui des noix, en signe de bienvenue. J'ai fait une photo assez jolie, qui n'a pas été choisie parmi les images importantes de ce reportage, mais j'ai envoyé quelques clichés à mon guide qui était emprisonné à cause de moi et à qui j'avais promis un souvenir. Je n'ai pas signé ces photos envoyées à Peshawar. Quelques mois plus tard, je les ai vues dans *Stern* et la légende indiquait qu'il s'agissait d'un bombardement de population civile par les Soviétiques ! On avait donné la photo au correspondant de *Stern*, elle servait pour la propagande.

Raymond Depardon,
Extrait de « *Grands Reportages* » n° 17,
Janvier-février 1981

Entre Rouletabille et le faussaire

Littérature et cinéma ont entouré d'une aura mythique les silhouettes des grands reporters et autres envoyés spéciaux. Mais la réalité de leur profession a beaucoup changé depuis que leurs destinations exotiques ont été mises à la portée de toutes les agences de voyage... Un ancien journaliste de Libération, *Prix Albert Londres 1980, présente sa vision du métier.*

Est-ce un métier ? Est-ce une légende ? Le professionnel répond, bien sûr : « un métier ». Rien à voir avec Rouletabille. Aller voir et raconter, cela n'a rien d'héroïque. Nous ne sommes ni les justiciers de la planète ni ses derniers aventuriers. Tout juste des témoins qui n'ont pas pour vocation de se faire égorger. Jongleurs des fuseaux horaires et locataires des palaces internationaux, nous n'en vivons pas moins avec des contraintes d'employés de bureau, coincés à heure fixe entre la machine à écrire et le téléphone ou le télex. Certes, comme dit la boulangère, nous voyageons et nous voyons du pays. Mais à l'heure des *charters,* des *tour-operators,* du *trekking* au Népal et des agences de location de mulets pour traverser la cordillère des Andes, un touriste normalement constitué peut s'offrir la même ration de kilomètres, d'exotisme ou d'émotions fortes.

Un métier quand même. La quête de l'information, sa mise en forme, sa vérification, sa rédaction sont des techniques astreignantes qui peuvent excuser la petite vanité passablement illusoire de voir son nom figurer sous l'étiquette « *de notre envoyé spécial* ». Voir et raconter, cela s'apprend : et ça va mieux en le disant pour ceux qui seraient tentés de croire – plus nombreux qu'on ne l'imagine – que les journaux recrutent parmi les épaves de l'intelligentzia, les laissés-pour-compte de carrières plus nobles ou les recalés de l'enseignement supérieur. [...]

Signe des temps. Albert Londres chez les pêcheurs de perles, dans la guerre des Dardanelles ou à Cayenne n'était encore qu'un témoin. Témoin redoutable certes – ses reportages sur le bagne entraînèrent la fermeture de celui-ci ; spectateur actif donc, mais spectateur tout de même. La ligne de partage entre le sujet et l'objet est presque aussi nette que dans la science expérimentale classique. La société médiatique moderne brouille les cartes. Théoriquement spectateur, le journaliste est un élément désormais indissociable de l'événement lui-même, l'acteur déterminant de sa mise en spectacle. Et les véritables acteurs ne l'ignorent pas. Qui manipule qui ? Question sans réponse. Un jeu de miroirs qui se réfléchissent à l'infini...

Près de cinq cents journalistes avaient débarqué à Téhéran dans les jours qui ont suivi l'occupation de l'ambassade américaine, le 4 novembre 1979, envoyés spéciaux des médias de toute la planète. L'événement était considérable. Imprévu comme tout événement, il n'était pas complètement imprévisible. Durant tout le cours de la révolution islamique, le ressentiment anti-américain n'avait fait que croître. L'accueil du Chah déchu aux États-Unis à la fin du mois d'octobre l'avait porté à son paroxysme. L'épreuve de force semblait inévitable et, à moins d'une improbable aventure militaire aux conséquences incalculables, les U.S.A. se trouvaient dans la pire des positions pour l'affronter.

Ainsi commença une prise d'otages qui devait durer 444 jours et allait coûter sa réélection à Jimmy Carter. Nul ne pouvait alors imaginer ce qui allait suivre. Le demi-millier de grands reporters, photographes, cameramen et journalistes de radio qui avaient envahi la capitale iranienne étaient à peu près tous convaincus que ce n'était qu'une affaire de jours ou, au pire, de semaines. Les semaines passèrent. Et il ne se passa rien.

L'événement basculait dans le non-événement. Près de la moitié des envoyés spéciaux disparurent, les autres travaillaient pour la presse américaine. Pour eux, le non-événement restait un événement capital au moins à deux titres. Primo, il s'agissait d'otages américains ; secundo, dans l'absence totale de dialogue irano-américain, ils étaient devenus les seuls messagers possibles. Par leur intermédiaire l'Iran jetait ses griefs à la face de l'Amérique.

Ainsi se noua un lien ambigu et pervers entre les journalistes américains et les « étudiants islamiques » qui détenaient leurs compatriotes en otages. Plusieurs fois par jour, quotidiennement, les équipes de chaînes de télévision américaines tournaient devant les grilles cadenassées de l'ambassade, sollicitant auprès des étudiants iraniens des déclarations que leur présence et leur concurrence outraient dans la surenchère. Quand les cameramen filmaient, à la nuit tombée, les quelques curieux qui stationnaient devant l'ambassade attendaient de se trouver dans le faisceau des spots pour lever le poing et hurler quelques slogans contre l'Amérique. Plongés de nouveau dans l'ombre, ils cessaient aussitôt de manifester.

Dix-huit heures sur vingt-quatre, via le satellite de télécommunication, l'Amérique mettait ainsi en scène l'humiliation de l'Amérique en Iran. Victoire médiatique des « étudiants islamiques » ? Non, car l'effet retour de ce déferlement était de blinder la conscience américaine, de gommer la culpabilité antérieure, bref de mobiliser l'Amérique contre l'Iran. Effet voulu ? Effet subi ? Les théoriciens de la communication trancheront s'il le peuvent. Le journaliste ne peut que constater son impuissance. Et craindre le pire : son propre anéantissement au revers de son triomphe. Il fait l'histoire, il est l'histoire, mais cette victoire absolue le renvoie au degré zéro de la communication. [...]

Faussaires ? Oui, si nous prétendons tenir la vérité dernière quand nous ne pouvons, au mieux, offrir que de fragiles vraisemblances. Oui aussi, quand nous nous contentons des versions officielles et des vérités de pouvoir, que nous préférons les idées aux faits ou ne retenons que les faits qui nous arrangent ou nous confortent. Oui encore, si nous invoquons les prétendus appétits de nos lecteurs (et avec quelle charge méprisante !) pour leur servir une soupe interchangeable que pimente uniquement la variation dans la couleur des cadavres. Oui enfin si au nom de l'objectivité nous oublions qui nous sommes et ce que nous sommes, censurons nos émotions et cachons nos surprises. Bref, faussaires nous sommes si nous ne donnons pas au lecteur les clés de notre code, si plutôt que d'affirmer « *voilà ce qui est* » nous n'avouons pas « *voilà ce que je sais, voilà ce que j'ai vu.* »

Ce n'est pas une affaire de morale mais de rigueur professionnelle. Journalistes de reportage, nous ne sommes ni des experts, ni des spécialistes. Quand nous débarquons dans un pays pour la première fois, notre connaissance du terrain se résume souvent à la lecture dans l'avion de

coupures de presse rassemblées la veille du départ, complétée par un premier contact avec le bureau local de l'*Agence France-Presse* et les éventuelles confidences d'un secrétaire d'ambassade. Ajoutez le *Guide Bleu* ou son frère *Nagel* pour faire bon poids et vous aurez fait le tour de notre mince bagage.

Astreints au « papier » quotidien – du moins pour ceux dont c'est le lot – nous compenserons notre ignorance par une disponibilité complète, totale, frénétique. La « quête des faits », comme dit Edward Behr, ne connaît pas de limites. En quelques heures nous devenons des obsédés maniaques. Un

peu d'expérience suffit pour savoir qu'il faut serrer au maximum les mailles du filet, tout voir, tout sentir, tout entendre.

Guerre civile, guerre tout court, révolution, tremblement de terre, prise d'otages ou meurtres en série : c'est le plus souvent une société en état de choc ou de rupture que va découvrir le reporter, une société où les relations sociales sont mises à nu, les règles et les lois réduites à leur expression la plus élémentaire. Situation exceptionnelle dans un moment exceptionnel, voilà ce qu'il lui faut saisir, mobilisant toutes les ressources de sa perception et de sa sensibilité. Plus tard, les phrases et les images s'organiseront. D'abord ne rien perdre.

C'est à ce prix qu'à trois, cinq ou dix mille kilomètres de là, le message passera peut-être, l'information bien sûr, mais autre chose encore, en deçà ou au-delà de l'information, une petite parcelle du secret des origines, de la violence fondatrice, « matricielle » disait Jean-Claude Guillebaud, enfouie aux tréfonds de nos sociétés d'ordre et de silence. Est-ce pour oublier qu'ils sont dépositaires de ce secret inavouable que les grands reporters déploient toutes les ruses de la frime et du cynisme ? Est-ce la clé du bonheur de ces retrouvailles tapageuses sur les points chauds du globe quand entre nous, enfin, papiers téléphonés, télex envoyés, films expédiés, nous pouvons nous dire au coin d'un bar ces vérités essentielles que nous n'écrirons jamais ? Un sacré métier. Décidément rien à voir avec la légende. Et pourtant.

Marc Kravetz,
Comment va la presse ?
Centre Georges-Pompidou, 1982

A la conquête des lecteurs

Contrairement aux prévisions pessimistes des experts, les responsables des quotidiens se sont donné les moyens de lutter contre la concurrence de nouveaux médias, de reconquérir leurs anciens lecteurs et d'en conquérir de nouveaux. La revanche de l'écrit.

Qui aurait parié, il y a seulement dix ans, sur l'avenir de la presse quotidienne ? Sur la possibilité d'implanter un journal national, populaire et en couleurs aux Etats-Unis, où la très grande majorité des mille sept cents quotidiens ont une diffusion purement locale et où le nombre des chaînes de télévision a été multiplié par dix en vingt ans ? Sur le succès de nouveaux titres et simultanément le redressement d'anciens dans un pays comme l'Italie, où la presse écrite (et le cinéma) ont été sinistrés par la déréglementation brutale de l'audiovisuel et l'explosion des radios et télévisions privées ? Sur les chances de réussite d'un quotidien sorti *ex nihilo* de la tête de quelques journalistes dans un pays comme la Grande-Bretagne, où le marché de la presse écrite quotidienne paraissait saturé ? Sur le redressement spectaculaire de quotidiens nationaux en France, après dix ans de crise et au moment même où se multipliaient les chaînes de télévision privées dont on prédisait qu'elles assécheraient le marché de la publicité ?

Et pourtant *USA to Day* a réussi à s'imposer outre-Atlantique comme un des rares quotidiens nationaux (près de 2 millions d'exemplaires par jour). *La Repubblica* a, en quelques années, dépassé les 500 000 exemplaires de diffusion quotidienne en Italie, sans empêcher le redressement du *Corriere della Serra* et le maintien de *la Stampa*. *L'Independent* a conquis, deux ans après son lancement, près de 400 000 Britanniques, sans mettre en péril ni le *Times* ni le *Guardian,* qui continuent à vendre l'un et l'autre près de 450 000 exemplaires chaque jour. Quant au *Monde*, il a regagné près de 50 000 acheteurs quotidiens en trois ans sans que cela nuise à la croissance de *Libération*, et tandis que, dans le même temps, un quotidien populaire hier condamné, *le Parisien*, entamait un spectaculaire redressement.

Et que dire du Japon ? Ce pays qui ne se contente pas de produire massivement pour l'exportation des téléviseurs, des magnétoscopes et des micro-ordinateurs, mais en fait aussi une forte consommation, n'a jamais eu une presse quotidienne aussi prospère. Son taux de pénétration est aujourd'hui le plus élevé du monde (560 exemplaires de quotidiens produits chaque jour pour 1 000 habitants) et a même fortement progressé au cours des trente dernières années (400 exemplaires en 1960).

Ainsi donc, en matière de presse comme dans bien d'autres domaines de la prévision économique, les augures se seraient gravement trompés... A l'aube des années 80, c'est à qui annonçait le déclin inexorable des quotidiens. Tous n'allaient pas jusqu'à prédire la mort prochaine de l'écrit – le redressement de *Paris-Match*, le succès du *Figaro-Magazine*, la bonne santé des périodiques spécialisés, la démentaient, – mais la plupart croyaient que l'avenir se jouerait dans les médias électroniques.

La majorité des dirigeants de la presse française en étaient tellement convaincus qu'ils se lançaient à corps perdu dans la conquête des radios et des télévisions privées, lançaient des services télématiques et, pour les plus ambitieux, des banques de données.

Les résultats de la « stratégie multimédia »

On connaît aujourd'hui les résultats de ce qui était pompeusement baptisé la « stratégie multimédia » : les radios privées lancées ou soutenues par des quotidiens n'ont pas réussi à conquérir des positions dominantes, la Cinq se révèle un gouffre financier pour Robert Hersant, les services télématiques des journaux se réorientent vers le professionnel ou ne survivent – pour combien de temps ? – qu'en abritant des « messageries roses », les banques de données de presse s'épuisent à trouver une clientèle solvable...

Ces désillusions et ces échecs expliquent pour une large part ce recentrage des stratégies des quotidiens français sur l'écrit en général et sur leur « navire amiral » en particulier. La pérennité et même le développement des journaux dans de nombreux pays occidentaux, la prospérité de certains régionaux en France, ont aussi contribué à convaincre les patrons de presse français que non seulement le déclin des quotidiens face aux médias audiovisuels n'avait rien d'inéluctable mais que la reconquête de lecteurs perdus était possible.

Pour réussir cette reconquête, les quotidiens doivent relever un triple défi, économique, commercial et culturel. Le premier, si l'on en croit le cabinet Pirolli, société d'expertise comptable qui a mené récemment une étude sur la presse quotidienne française, est en passe d'être gagné. La santé des entreprises de presse quotidienne s'améliore globalement grâce à une *« incontestable politique de rigueur »* dans la gestion. Les modernisations engagées à tous les stades de production du journal (informatisation des rédactions, des systèmes de fabrication et de distribution...) permettront de dégager, au cours des prochaines années, des gains de productivité importants. Ces gains peuvent servir à des investissements visant à améliorer la qualité des journaux et de leur diffusion, tout en évitant cette inflation des prix pratiquée dans les années 70 qui a certainement contribué à la baisse des ventes.

Le deuxième défi est celui de la commercialisation. La France se targue de disposer d'un système remarquable de distribution des journaux, les Nouvelles Messageries de la presse parisienne. Celles-ci mettent en place, chaque jour, des milliers de titres dans plus de trente-cinq mille points de vente répartis sur l'ensemble du territoire. Mais ce système est-il le mieux adapté à la diffusion de quotidiens dans une société baignée par l'audiovisuel ?

La véritable concurrence de la radio et de la télévision n'est certainement pas où beaucoup de Français la voient. Ils s'imaginent souvent, par un raisonnement manichéen, que la baisse de la diffusion des quotidiens en France est la conséquence naturelle du développement de l'information audiovisuelle, les médias électroniques se substituant peu à peu au « média papier ». Mais, si cette hypothèse devait se révéler juste, comment expliquer qu'au Japon et dans les pays de l'Europe du Nord (Suède, Norvège, Finlande) la diffusion des quotidiens soit trois fois supérieure, pour mille habitants, à ce qu'elle est en France et qu'elle n'ait cessé de progresser depuis vingt ans alors qu'elle a baissé chez nous ? Comment comprendre qu'elle soit plus de deux fois supérieure en Grande-Bretagne, premier pays d'Europe occidentale où la télévision s'est développée ? Qu'on diffuse chaque jour plus de 350 exemplaires de quotidiens pour mille habitants en Suisse et en Autriche, 270 aux Etats-Unis et moins de 190 en France ?

Différence de culture, de tradition ? L'explication ne vaut pas non plus. C'est en France qu'est né le premier grand quotidien de l'époque moderne, *le Petit Journal,* en 1863 ; ce fut le premier titre au monde à atteindre le million d'exemplaires en 1895. Au début du vingtième siècle, la France de 35 millions d'habitants possédait quatre quotidiens qui tiraient chacun à plus de un million d'exemplaires, alors qu'aujourd'hui, dans une France de 56 millions d'habitants, mieux scolarisée, le premier quotidien *(Ouest-France)* tire à moins de 800 000 exemplaires et ses suivants immédiats *(le Figaro, la Voix du Nord et le Monde)* à 520 000 exemplaires.

Pour qui écrire et comment ?

Le déclin de la presse quotidienne en France, qui s'est effectivement accéléré au milieu des années 70, à l'époque où la télévision faisait son entrée massive dans les foyers, tient en partie à son mode de diffusion. Alors que les moyens d'information audiovisuelle sont à portée de la main, dans la chambre, la salle de séjour ou la salle de bains, il faut sortir pour aller acheter le journal ou attendre, si l'on est abonné, la tournée du facteur à 10 ou 11 heures du matin et compter avec les aléas du service postal.

Au Japon, l'*Asahi Shimbun,* dont les éditions du matin et de l'après-midi représentent au total un tirage supérieur à 12 millions d'exemplaires par jour, est, pour plus de 90 % de sa diffusion, distribué à domicile par un réseau de plus de 70 000 porteurs dépendant du journal. Et dans la plupart des pays anglo-saxons et nordiques, les journaux ont assuré la pérennité de leur audience et la fidélité de leur lectorat par le portage à domicile *(home delivery).* En France, les régionaux de l'Est et du Nord (en particulier l'*Alsace, les Dernières Nouvelles d'Alsace* et *la Voix du Nord*) ont massivement développé ce système. Résultat : c'est en Alsace, où 90 % de la diffusion des deux journaux régionaux est assurée par portage à domicile, que le taux de lecture de la presse quotidienne est, de loin, le plus élevé de France.

Depuis deux ans le portage et les méthodes de recrutement de nouveaux lecteurs qui l'accompagnent sont au cœur de la politique commerciale des quotidiens français. Une telle politique, longue à mettre en œuvre et, dans un premier temps, onéreuse, doit à terme permettre d'importantes économies de gestion. Elle est, en particulier, de nature à réduire le pourcentage des invendus, qui atteint ou dépasse 20 % pour la plupart des quotidiens nationaux. Quelle industrie peut supporter durablement d'avoir, chaque jour, un cinquième de sa production purement et simplement détruite après avoir été fabriquée, transportée, comptabilisée ?

Le dernier défi, certainement le plus difficile à relever, est d'ordre culturel. Quels genres de quotidiens faut-il faire qui répondent aux besoins, aux attentes de citoyens-consommateurs gavés d'images et de sons ? Réponse d'autant plus délicate que les deux formes de presse qui ont prévalu en France dans le passé ont subi de graves déboires : la presse populaire, avec l'effondrement de *France-Soir,* tombé à moins de 300 000 exemplaires vendus après en avoir vendu plus de 1 million, la presse politique avec la chute de *l'Humanité* et la disparition du *Matin de Paris.*

L'absence de grands journaux populaires comparables à ceux qui subsistent au Royaume-Uni (le *Sun,* le

Daily Mirror) ou en RFA *(Bild)* et tirent à 3 ou 4 millions d'exemplaires explique, pour une large part, que la France ait un si faible taux de lecture de quotidiens. Ce vide a-t-il une chance d'être comblé au cours des prochaines années ? Régulièrement des projets sont annoncés (hier celui de Hachette, aujourd'hui ceux de Robert Maxwell et de Robert Hersant), régulièrement ils avortent. Et le redressement récent amorcé par *le Parisien* est sans doute davantage le signe de la réussite possible d'un journal régional en Ile-de-France que la promesse d'un renouveau de la presse populaire.

Reste la voie du quotidien d'information dit de qualité offrant des informations diversifiées, politiques, économiques, scientifiques, culturelles et une analyse critique de l'activité des pouvoirs et des institutions. Au Royaume-Uni comme en RFA, en Italie comme en Espagne, en Belgique comme aux Pays-Bas, les journaux qui ont choisi cette démarche ont une diffusion stable ou en progression, le meilleur taux de pénétration chez les jeunes et des recettes publicitaires qui assurent leur prospérité.

En France même, le développement du *Monde* et de *Libération*, le recentrage du *Figaro*, la progression lente et constante de régionaux comme *Ouest-France* qui ont misé sur l'élargissement de leur champ d'information, témoignent de l'avenir de ce type de quotidien. Reste pour eux à réinventer chaque jour la difficile alchimie entre l'analyse de domaines de connaissances et d'activités de plus en plus segmentés et une vision plus générale de la société, à donner une perspective et du sens à des événements disparates et éphémères. Le défi est permanent.

Le Monde,
28 avril 1989

La saga de la distribution

Les 520 000 exemplaires du Monde *sortent des rotatives en quelques heures. Comment les distribuer le plus rapidement possible dans toutes les régions de l'Hexagone et de la planète ?*

COTE DE LA BOURSE

Comment faire parvenir un quotidien, en bon état, le plus vite possible et en quantité adéquate, à 115 000 adresses dispersées sur l'ensemble de la planète ? Telle est la redoutable équation que les responsables commerciaux du *Monde* doivent résoudre chaque jour. La distribution d'un journal est en effet soumise à au moins quatre contraintes.

– La dispersion : *le Monde* doit être impérativement acheminé d'abord vers les abonnés. Ils sont 75 000 en France et 6 500 dans près de 130 pays étrangers. Il faut servir ensuite les marchands (pour *le Monde* environ 28 000 en France et 8 000 outre-frontières).

– La précision : il serait inutile et ruineux d'expédier aux détaillants plus d'exemplaires qu'ils ne peuvent en vendre. Mais également préjudiciable de ne pas leur en fournir suffisamment..

– La rapidité : la totalité des 520 000 exemplaires – en moyenne – du *Monde* sortent des rotatives entre 13 heures et 19 heures. Qu'ils soient tous acheminés et mis en vente avant la nuit est évidemment impossible. Mais l'objectif permanent est d'approvisionner le plus tôt possible les marchands les plus proches.

– La fragilité : un quotidien – 150 grammes de papier imprimé – est une marchandise délicate qui doit être livrée en parfait état de lisibilité.

Il ne pouvait y avoir de solution simple à une équation comportant autant d'inconnues. Aussi le système de distribution du *Monde* – qui « tourne » trois cent vingt jours par an – est-il d'une extrême complexité.

Tout commence par le réglage. Chaque matin, les employés du service des abonnements actualisent leur fichier électronique. Ils effacent de la mémoire d'un ordinateur les coordonnées des abonnés « disparus » et y introduisent celles des nouveaux fidèles. Au même moment, leurs collègues de la vente au numéro supputent quel sera le succès du journal dans quelques heures, autrement dit combien d'exemplaires il est bon d'envoyer aux différents points de vente et, en définitive, quel sera le tirage total que l'on demandera aux rotativistes.

L'ordinateur des NMPP (Nouvelles Messageries de la presse parisienne) fournit quotidiennement pour quelques centaines de grossistes et chaque semaine pour l'ensemble des points de distribution des résultats de vente vieux de quelques jours. Bientôt, les indications quotidiennes concerneront 6 000 marchands, puis dans quelques mois près de 15 000 détaillants représentant 80 % des ventes en France. Pour l'heure, les « régleurs » se fondent d'abord sur les chiffres du même jour de l'année précédente, qu'ils corrigent en fonction de la tendance de la semaine passée et de l'actualité du jour. Il est évident que l'on doit envoyer davantage de « papier » en hiver dans les stations de ski et en été sur les plages, mais beaucoup plus subtil est de deviner les engouements touristiques du moment.

Après tout, l'une des « libertés de la presse » ne consiste-t-elle pas à offrir au citoyen la possibilité d'acheter son journal quand il veut et où il veut ? Ce jeu-là coûte cher : actuellement, près de 30 % des exemplaires « envoyés dans la nature » ne trouvent pas de client et aboutissent dans les broyeurs de vieux papiers. Pour réduire l'incertitude – et les invendus, – on espère que dans l'avenir, grâce à une liaison informatique directe, les vendeurs pourront communiquer leurs résultats en temps réel, c'est-à-dire le jour même, entre la première et la deuxième édition.

L'aboutissement de cette « cuisine » doit être, en tout état de cause, un chiffre de tirage chaque jour différent et des milliers de bordereaux d'envoi indiquant le nombre des « papiers » qui doivent être acheminés vers tel ou tel détaillant.

Pénétrons dans le hall de départ de la nouvelle imprimerie du *Monde* à Ivry et imaginons-le lorsqu'il fonctionnera à plein régime. Pendus à une chaîne transporteuse courant au plafond, les numéros venant des rotatives y déboulent à la vitesse vertigineuse de 140 000 à l'heure. Le torrent est automatiquement divisé, traité, marqué, empaqueté et enfourné dans les véhicules qui attendent à quai sans que quiconque y ait touché.

Les exemplaires destinés aux abonnés, par exemple, sont pliés en quatre puis mitraillés par des sortes de pistolets encreurs qui impriment sur la manchette le nom et l'adresse du destinataire, et même le bureau des PTT par lequel le journal devra transiter. Les journaux sont empilés par rue, par quartier, puis enveloppés dans un film plastique avant de tomber dans un sac postal qui est aussitôt emmené. Trois heures plus tard, le journal est déjà dans la boîte aux lettres du premier des abonnés, dans le seizième arrondissement de Paris. Le dernier, un montagnard perché dans un hameau du Dauphiné, le recevra le lendemain à midi, vingt heures plus tard.

Plus loin, les exemplaires destinés aux marchands sont traités par des « machines palpeuses-empileuses-ficeleuses ». En fonction des ordres qui leur sont donnés par un ordinateur, elles confectionnent autant de paquets qu'il y a de détaillants à servir, chacun

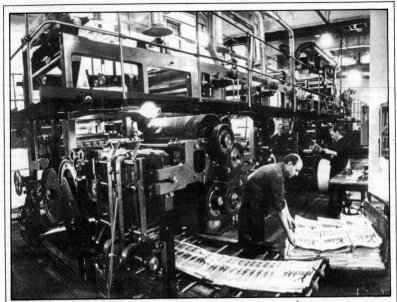

nanti d'une feuille de route.

La chute des premiers paquets donne le départ d'une sorte de course infernale qui mobilise tous les engins imaginables : vélomoteurs, scooters, gros cubes, breaks, fourgons, poids lourds, rames du RER, TGV, trains de nuit, avions des lignes intérieures et long-courriers. Pour parvenir au plus près de ses lecteurs, *le Monde* finit parfois sa course sur le porte-bagages d'une bicyclette, à bord d'un bac ou dans la benne d'un téléphérique.

Les premiers servis sont évidemment les Parisiens. Dès 13 heures, la « cavalerie légère » attaque. Une vingtaine de motards démarrent d'Ivry sur les chapeaux de roue. Le premier rejoint d'urgence le siège de la rédaction, près de Montparnasse. – Nous sommes toujours dans le proche futur. – Un gendarme vaguemestre l'y attend, qui emporte aussitôt les vingt exemplaires que l'Élysée dévore chaque jour. Les autres vont jeter quelques milliers d'exemplaires sur les « points chauds » de la capitale : l'Opéra, les Champs-Élysées, le Quartier latin, la République, la Défense.

La deuxième vague – des fourgons cette fois – dessert les gares, d'où le journal part dès que possible et souvent par le TGV vers une vingtaine de villes de province, où il est mis en vente l'après-midi même.

Environ 30 000 exemplaires filent vers la gare d'Ivry, où ils prennent une mini-rame spéciale *le Monde* à destination des Invalides par la voie du RER. Là les attendent des dizaines de porteurs envoyés par les ministères, des agences de publicité, des chaînes de télévision ou de radio. Là aussi, comme en d'autres points d'éclatement dans la capitale, stationnent les voituriers des NMPP qui vont approvisionner un à

un les 2 000 revendeurs de Paris et de la proche banlieue.

1,26 franc de bénéfice pour le crieur

Pendant ce temps, d'autres transporteurs affrétés directement par *le Monde* roulent vers Orly et Roissy. Ils vont y livrer plus de 115 000 exemplaires. Les uns sont destinés aux vingt-cinq compagnies aériennes qui les offrent à leurs clients sur les vols de fin d'après-midi. D'autres s'envolent immédiatement pour Toulouse, Marseille et Nice, où ils seront mis en vente avant la fin de la soirée. Les plus gros paquets sont déposés dans les bureaux de poste des aérogares, d'où ils repartent vers 126 pays différents, qu'ils atteindront le lendemain. Seuls la Belgique, le Luxembourg et la Suisse sont desservis par camions spéciaux, plus rapides que l'avion sur ces courtes distances.

La « jet distribution » ne doit pas faire oublier les petits métiers d'antan. Ainsi, rue du Mail, dans le deuxième arrondissement, fonctionne encore un guichet destiné aux vendeurs à la criée. Ils sont une quarantaine, indépendants farouches, travailleurs étrangers, étudiants prolongés, tous un peu marginaux, qui viennent chaque après-midi acheter 150 à 200 numéros qu'ils revendent dans la rue et aux portes des universités, avec 1,26 franc de bénéfice. « *Nous n'avons aucune protection sociale,* dit Jean-Pierre Muxo, un des plus anciens de la profession, *mais nous ne payons pas d'impôts et nous sommes totalement libres de travailler ou pas. Moi, ça me va.* »

Pendant que Paris intra-muros reçoit ainsi son « papier », des dizaines de fourgons roulent vers la banlieue. Là aussi, il s'agit d'arriver le plus tôt possible. En tout cas, avant que les banlieusards rentrent chez eux. Ainsi, Patrice Guillerd, trente et un ans, parcourt chaque jour près de 200 kilomètres pour livrer des dépositaires grossistes et des détaillants situés dans l'Essonne et jusqu'en forêt de Fontainebleau. Autoroutes urbaines et chemins de campagne sont dévorés à vive allure. Patrice livre en voltige, dépose parfois son paquet devant une grille encore close, repart en trombe. Ses derniers numéros sont déposés à 16 h 40 exactement sur le comptoir d'une épicerie-quincaillerie-bureau de tabac, dans un hameau désert sur lequel déjà tombe la brume.

Grâce à cette course contre la montre, 45 % des numéros du *Monde* sont entre les mains de leurs lecteurs avant la fin de la journée. L'extension du réseau des TGV, l'accélération des liaisons ferroviaires classiques et cent « astuces » de détail porteront dans l'avenir cette proportion à 65 %.

Reste l'odyssée des exemplaires destinés à la province. Il suffit qu'ils soient à pied d'œuvre le lendemain à 6 h 30, à l'ouverture des premiers marchands. Une nuit entière devant soi pour se rendre aux confins de l'Hexagone, c'est presque un luxe au regard de la précipitation des autres dessertes. Tentons l'aventure. Voici le fourgon qui, à 18 heures, démarre d'Ivry pour la gare de Lyon. Objectif : mettre 2 tonnes de papier – le maximum autorisé – dans le TGV de 19 heures pour Perrache. Arrêt à la gare de marchandises du Charolais, transfert sur un antique convoi de chariots SNCF tirés par un tracteur poussif. Un kilomètre de quais à parcourir en se frayant un passage au milieu des voyageurs. Dans un virage, une dizaine de paquets roulent sur le sol. « *Pas le*

temps de les récupérer, marmonne le conducteur, *ils prendront le prochain train.* » En un tournemain, voltigeant entre une demi-douzaine d'employés, les 12 000 numéros s'entassent dans le fourgon de la fusée orange.

21 h 15 : même opération en sens inverse à Perrache. De là, un camion transporte le chargement à Trigny, en banlieue sud de Lyon, où se trouve l'une des six annexes régionales de messagerie qu'entretiennent les NMPP sur le territoire. Centralisation de la presse oblige !

Là, dans un vaste hall éclairé au néon, tous les titres vendus dans la région Rhône-Alpes, qu'ils arrivent de Paris ou qu'ils sortent des imprimeries locales, sont triés, rangés par destination puis à nouveau empaquetés. Une soixantaine de « compteurs » traitent ainsi à la main 300 000 exemplaires par nuit.

2 h 22 : la tournée 851 démarre. Direction Sallanches, à 200 bornes. Au volant d'un camion Ford flambant neuf, Thierry Guillet, vingt-cinq ans, spécialiste du transport express, un fan du volant. A bord, 1 500 kilos de « papier ». Ce sera vite fait. L'autoroute est déserte, et même quand le brouillard s'abat comme un édredon le conducteur garde le pied au plancher. « *J'aime rouler,* dit-il, *et surtout seul comme ça, en pleine nuit. Ma fiancée, qui ne pouvait pas supporter ces horaires, m'a laissé tomber. Tant pis, je préfère la route.* »

Une télécabine pour arriver jusqu'aux skieurs du Bettex

Deux heures plus tard, nous voici dans la zone industrielle de Sallanches. Thierry dépose ses paquets sur un quai désert, par une température sibérienne.

« A partir d'ici, ça éclate, explique-t-il. *Vous allez voir ! »* En effet, trois autres camions surgissent de la nuit noire, stoppent tous phares allumés, se partagent le chargement et repartent sur-le-champ.

Prenons celui qui cingle vers Combloux, Megève et Saint-Gervais. Maintenant, ça grimpe, et le brouillard givre la route. Mais devant nous, déjà, les employés des ponts et chaussées répandent du sel. *« Ils sont formidables,* dit le chauffeur. *Grâce à eux, même au pire de l'hiver, je ne mets jamais les chaînes. Ils savent que nous devons passer, comme les postiers. La presse, ça compte. »*

5 h 35 : une seule tache de lumière illumine la neige dans Saint-Gervais endormie : elle vient d'un petit local situé derrière la Maison de la presse. C'est là que stoppe le fourgon. Vêtu d'un blue-jean et d'un blouson – quasiment l'uniforme des hommes de la distribution, – un quadragénaire s'affaire au milieu d'une pile de journaux auxquels viennent s'ajouter les exemplaires du *Monde.* Michel Cavillon est ce qu'on appelle un dépositaire NMPP, c'est-à-dire un grossiste répartiteur. Beaucoup comme celui-ci ont également un magasin de détail. Ils sont 2 600 en France, pour la plupart propriétaires de leur affaire, liés par contrat aux NMPP mais maîtres chez eux, gagnant confortablement leur vie et se conduisant parfois en petits féodaux de la répartition.

Michel Cavillon, par exemple, est en prise directe avec l'ordinateur central des NMPP, à Paris, par une liaison informatique. Sur son clavier, il indique quotidiennement ce qu'il a vendu et les modifications de service en plus ou en moins qu'il demande. Il reçoit en réponse la liste de tous les titres qu'il aura à vendre lui-même et à distribuer aux détaillants qu'il approvisionne, avec les quantités correspondantes. A lui ensuite de se débrouiller. Pour rémunérer son travail, il prend 8 % du prix du journal, 9 % s'il livre lui-même. Le marchand, 14 ou 15 %. Michel Cavillon doit desservir une demi-douzaine de vendeurs éparpillés autour de Saint-Gervais, certains dans des hameaux de montagne.

Outre *le Monde,* ce matin il a quarante quotidiens à trier et à répartir en petits paquets. Lui non plus ne traîne pas. Certains colis doivent prendre la camionnette du laitier, d'autres des véhicules de particuliers. Il est fréquent qu'un dépositaire fasse lui-même une tournée. Là-haut, à la station du Bettex, à 1 400 mètres d'altitude, les skieurs matinaux et les employés des remontées mécaniques veulent leur journal dès 8 heures. Ils l'auront. Mais, s'il y avait vraiment trop de neige sur la route, le « papier » serait embarqué dans la première benne de la télécabine. Dans les Alpes, le record est battu à Val-Thorens, où *le Monde* arrive, quel que soit le temps, jusqu'à 2 400 mètres d'altitude. Mais comme ici, pour y parvenir, il doit voyager durant quatorze heures et emprunter huit moyens de transports différents.

Ces circuits compliqués au long desquels les hommes et les machines font la chaîne ont une traduction financière simple et brutale. Qu'il achète son journal favori aux antipodes ou en plein Paris, tout lecteur du *Monde* doit savoir que, dans le prix qu'il acquitte, plus de la moitié (53 %) couvre les frais de distribution...

Le Monde,
28 avril 1989

Des imprimeurs dans le vent

Les techniques d'impression ont beaucoup évolué au cours des dernières années. Les éditeurs de quotidiens ont dû s'équiper à neuf ; ce qui, compte tenu des contraintes particulières qui pèsent sur eux, n'est jamais une tâche facile.

Traditionnellement, avant de parler des techniques appliquées à la presse, les procédés d'impression, depuis longtemps, se divisent en trois modes différents : la typographie, l'offset, l'héliogravure, chacun de ces procédés peut se mettre en œuvre sur des machines à imprimer rotatives (le papier est imprimé à partir de bobines) ou de feuilles (le papier est alimenté en rames et imprimé feuille à feuille).

Quels que soient le procédé et le type de machine, une couleur à la fois est imprimée et l'obtention de la reproduction des couleurs provient de la superposition de plusieurs couleurs primaires. Pour cela, le procédé le plus courant est la quadrichromie qui superpose le noir et trois couleurs primaires (bleu, rouge, jaune). Avant d'aborder les évolutions, il n'est pas inutile de rappeler la différence entre les procédés classiques.

La typographie

Procédé le plus ancien, il est fondé sur le relief. Le rouleau encreur ne dépose l'encre que sur les parties en relief qui transmettent l'encre sur le papier par pression. Le tampon-encreur en est la meilleure image élémentaire. La forme imprimante a longtemps été en plomb, remplacée maintenant par des plaques en photopolymère. C'est le procédé utilisé par *le Monde* sur ses anciennes rotatives, procédé simple, de bonne qualité pour le texte, peu apte à la couleur par manque de finesse.

L'offset

C'est un procédé qui a connu un développement rapide, malgré sa complexité, en raison de la finesse de reproduction alliée à sa rapidité de mise en route, comparée à l'héliogravure. Le relief ne joue plus mais la forme imprimante est une plaque successivement mouillée puis encrée. La nature des encres, de l'eau et des plaques permet l'équilibre entre les parties encrées et mouillées sans mélange. La plaque est reportée ou décalquée (d'où le terme offset) sur un cylindre en caoutchouc dénommé « blanchet » qui se reporte lui-même par pression sur le papier.

Techniquement plus compliqué, l'offset a connu un développement très rapide et a supplanté la typographie tant dans la presse que dans le labeur (périodiques et magazines) où il est en concurrence avec l'héliogravure.

L'héliogravure

Le procédé (dérivé de la taille-douce) retrouve le relief mais cette fois en « creux » puisque c'est la profondeur de ce creux qui en déterminant l'épaisseur déposée sur le papier donne la graduation des tons. C'est une technique très élaborée apportant une très grande qualité de reproduction mais au prix d'une gravure coûteuse et d'une manutention de cylindres onéreuse (alors que les autres procédés accrochent des plaques sur les cylindres). En contrepartie, le tirage est d'une grande régularité.

La concurrence avec l'offset se fait sur les magazines et catalogues en

cherchant à diminuer ses coûts de préparation pour ne pas être pénalisé sur les petits tirages. C'est une technique non utilisée par la presse quotidienne (sauf éventuellement en préimpression et rebobinage, ce qui est très coûteux) en raison du temps excessif de préparation et de l'utilisation d'un support « papier journal » bon marché.

Les évolutions

De ces trois procédés, la typographie est celui qui semble aujourd'hui pratiquement condamné. Pour l'impression des catalogues et périodiques, la concurrence entre l'offset et l'héliogravure est vive. L'offset, avantagé dans ses coûts de préparation, progresse dans sa qualité (encres et séchage) et sa productivité (vitesse de tirage et gâche). Mais l'héliogravure réduit ses coûts et temps de préparation par gravure électronique au laser tout en poursuivant la course au gigantisme tandis que l'offset se diversifie.

Pour ce qui est de la presse quotidienne, imprimée sur papier journal, l'offset a le vent en poupe. Parce que le papier journal s'améliore en qualité, parce que les encres progressent et que les machines s'automatisent tant en préparation qu'en tirage. De nombreux journaux dans le monde s'équipent pour un développement de pagination et de couleur de qualité. Dans un univers en couleurs (télévision et magazines), la presse quotidienne doit être concurrentielle sur le marché publicitaire et à sa traditionnelle rapidité elle doit ajouter la qualité et la flexibilité. Les grands constructeurs mondiaux de matériel ont des délais de livraison de deux à trois ans.

D'autres évolutions voient le jour. L'offset continue à évoluer pour la presse, peut-être vers un séchage des encres, sans doute vers des circuits d'encrage « courts ». Si l'impression laser ou des procédés électrostatiques ne semblent guère applicables à la presse, comme celle-ci est elle-même diversifiée (différences de tirage, de qualité, de pagination), de nouveaux procédés techniques cherchent à s'implanter. C'est le cas actuellement de la flexographie, procédé largement utilisé pour les cartonnages et qui fait des débuts prometteurs grâce à sa simplicité.

Mais ces évolutions sont soumises à des contraintes particulières. Les journaux doivent en effet intégrer

deux facteurs :

– La spécificité d'un métier qui doit produire quotidiennement en grand nombre un objet éphémère. Il n'y a pas (comme pour l'automobile) de stocks de produits finis, ce qui signifie que les investissements et sauts technologiques doivent s'intégrer dans une continuité d'exploitation à flux tendu et en toute sécurité. Formation du personnel, essais, maîtrise des outils doivent se faire en parallèle avec la production quotidienne.

– Le caractère industriel lourd des investissements. Ce qui suppose un amortissement dans le temps des matériels, donc un cycle long de renouvellement en cas d'innovation. Une simple rotative du *Monde* coûte plus cher qu'un TGV et, parallèle amusant, cette même rotative à pleine capacité imprime en deux heures une bande de papier de la largeur des rails sur une longueur équivalant à la distance Paris-Lyon.

Ces facteurs, joints à un marché spécialisé (et étroit) entre les fournisseurs et les journaux, ont entraîné le développement d'organismes internationaux paritaires d'études et de recherches (type IFRA) qui font collaborer étroitement les professionnels concernés et ce bien au-delà des frontières européennes.

Bernard Wouts,
Le Monde,
28 avril 1989

FILMOGRAPHIE

1928
The Cameraman (L'Opérateur) de Buster Keaton, États-Unis.
The Power of the Press de Frank Capra, États-Unis.
1931
Front Page de Lewis Milestone, États-Unis.
1936
Mister Deeds Goes to Town (L'Extravagant Monsieur Deeds) de Frank Capra, États-Unis.
1938
Too Hot to Handle (Un envoyé très spécial) de Jack Conway, États-Unis.
1941
Citizen Kane d'Orson Welles, États-Unis.
1942
Le journal tombe à cinq heures de Georges Lacombe, France.
1943
It Happened Tomorrow (C'est arrivé demain) de René Clair, États-Unis.
1947
Boomerang d'Elia Kazan, États-Unis.
Call Northside 777 (Appelez Nord 777) de Henry Hathaway, États-Unis.
Gentleman's Agreement (Le Mur invisible) d'Elia Kazan, États-Unis.
Halte... police de Jacques Severac, France.
La Primula bianca (Armando le Mystérieux) de Carlo L. Bragaglia, Italie.
1948
The Big Clock (La Grande Horloge) de John Farrow, États-Unis.
June Bride (La Mariée du dimanche) de Bretaigne Windust, États-Unis.
1949
Dernière Heure édition spéciale de Maurice de Canonge, France.
The Fountainhead (Le Rebelle) de King Vidor, États-Unis.
1950
The Lowless (Haines) de Joseph Losey, États-Unis.
The Sound of Fury (Fureur sur la ville) de C. Enfield, États-Unis.
1951
Bannerline de Don Weis, États-Unis.
The Big Carnival (Le Gouffre aux chimères) de Billy Wilder, États-Unis.
Scandal Sheet (L'Inexorable Enquête) de Phil Karlson, États-Unis.
Lo Sceicco bianco (Le Courrier du cœur) de Federico Fellini, Italie.
1952
Deadline (Bas les masques) de Richard Brooks, États-Unis.
Park Row (Violences à Park Row) de Samuel Fuller, États-Unis.

Turning Point (Le Cran d'arrêt) de William Dieterle, États-Unis.
1953
Les Dents longues de Daniel Gélin, France.
Mon mari est merveilleux d'André Hunebelle, France.
1954
Bel Ami de Louis Daquin, France.
Rear Window (Fenêtre sur cour) d'Alfred Hitchcock, États-Unis.
1955
The Harder They Fall (Plus dure sera la chute) de Mark Robson, États-Unis.
1956
Beyond Reasonable Doubt (L'Invraisemblable Vérité) de Fritz Lang, États-Unis.
While the City Sleeps (La Cinquième Victime) de Fritz Lang, États-Unis.
1957
A Face in the Crowd (Un Homme dans la foule) d'Elia Kazan, États-Unis.
Sweet Smell of Success (Le Grand Chantage) d'Alexander Mackendrick, États-Unis.
Teacher's Pet (Le Chouchou du professeur) de George Seaton, États-Unis.
1958
On tue à chaque page d'André Cantenys, Pierre Guilbaud et Raoul Rossi, France.
Deux Hommes dans Manhattan de Jean-Pierre Melville, France.

1961
The Man Who Shot Liberty Valance (L'homme qui tua Liberty Valance) de John Ford, États-Unis.
One, Two, Three (Un, Deux, Trois) de Billy Wilder, États-Unis.
1963
Shock Corridor (Shock Corridor) de Samuel Fuller, États-Unis.
1964
Obzalovany (L'Accusé) de Kadar et Klaus, Tchécoslovaquie.
Les Paparazzi de Jacques Rozier, France.
1965
Blow up (Blow up) d'Antonioni, Angleterre.
Kazdy den Odvahu (Du courage pour chaque jour) d'Evald Schorm, Tchécoslovaquie.
1967
Zhurnalist (Le Journaliste) de Serge Guerassimov, URSS.
1968
La Mort d'un honnête homme de Jacques Frier, France.
Vivre pour vivre de Claude Lelouch, France.
« Z » de Costa-Gravas, France.

1971
L'Odeur des fauves de Richard Balducci, Franco-Italien.
1972
L'Héritier de Philippe Labro, France.
Professione reporter (Profession reporter) de Michelangelo Antonioni, Italie.

Un linceul n'a pas de poche de J.-P. Mocky,
France.
Les Vilaines Manières de Simon Edelstein,
Suisse.
1974
The Front Page (Spéciale Première) de Billy
Wilder, États-Unis.
Un nuage entre les dents de Marco Pico et
Edgard de Bresson, France.
1975
L'Amour blessé, Confidences de la nuit de J.-P.
Lefebvre, Canada.
Die Verlorene Ehre der Katharina Blum
(L'Honneur perdu de Katharina Blum) de
Volker Schlöndorff, RFA.
1976
All the President's Men (Les Hommes du
Président) de Allan J. Pakula, États-Unis.
The Front (Le Prête-nom) de Martin Ritt,
États-Unis.
Le Jouet de Francis Weber, France.
Network (Network) de Sidney Lumet,
États-Unis.
Sbatti il mostro in prima pagina (Viol en
première page) de Marco Bellochio, Italie.
1977
Le Diable dans la boîte de Pierre Lary,
France.
Una giornata particolare (Une journée
particulière) d'Ettore Scola, Italie.
1978
Comment ça va ? de Jean-Luc Godard et
Anne-Marie Miéville, France.
Czlowiek z Marmuru (L'Homme de marbre) de
Andrezj Wajda, Pologne.
Judith Therpauve de Patrice Chéreau,
France.
La Question de Laurent Heyneman, France.
1979
Bez znieczulenia (Sans anesthésie) de Andrezj
Wajda, Pologne.

1980
La Mort en direct de Bertrand Tavernier,
France.
Papillons de nuit de Tomasz Zygadlo, Pologne.
1981
Die Falschung (Le Faussaire) de Volker
Schlöndorff, franco-allemand.
L'Homme fragile de Claire Clouzot, France.
1982
The Killing Fields (La Déchirure) de Roland
Joffé, Angleterre.
The Men with the Deadly Lens (Meurtres en
direct) de Richard Brooks, États-Unis.
Mille milliards de dollars d'Henri Verneuil,
France.
The Year of Living Dangerously (L'Année de
tous les dangers) de Peter Weir, Australie.
Under Fire (Under Fire) de Roger
Spottiswood, États-Unis.
1985
Le Quatrième Pouvoir de Serge Leroy, France.

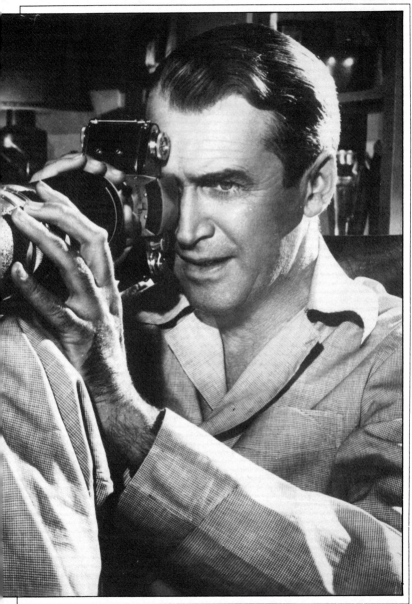

FORMATION

Alors qu'on prétendait autrefois qu'un journaliste se formait sur le tas, aujourd'hui un bagage de départ n'est pas superflu. Les trois meilleures écoles spécialisées sont :

Le CFPJ : Centre de formation et de perfectionnement des journalistes et des cadres de la presse. 33, rue du Louvre, 75002 Paris.

Le CUEJ : Centre universitaire d'enseignement du journalisme. 10, rue Schiller, 67083 Strasbourg.

L'ESY : Ecole supérieure de journalisme. 67, boulevard Vauban, 54046 Lille.

Outre ces trois institutions qui constituent les principales voies d'accès à la profession, on peut citer l'Institut français de presse et des sciences de l'information de l'université de Paris II et les I.U.T. qui ont une section de techniques d'expression et de communication. Tel ou tel diplôme d'études littéraires ou celui de l'Institut d'études politiques ne sont pas non plus une mauvaise formation.

Il convient d'être plus réservé sur la valeur de certains cours privés dont parfois le titre ronflant ne correspond guère à l'enseignement qu'ils dispensent.

Évolution du nombre et de la diffusion des quotidiens français
(chiffres arrondis)*

Année	Paris (en nbre)	Paris (diffusion)	Province (en nbre)	Province (diffusion)	Nombre total	Diffusion totale
1874	40	1 000 000 (environ)	179	350 000	219	1 350 000
1900	79		257		336	
1914	57	5 500 000	242	4 000 000	299	9 500 000
1939	31	6 000 000	175	5 500 000	206	11 500 000
1945	26	4 606 000	153	7 532 000	179	12 138 000
1946	32	5 959 000	175	9 165 000	207	15 124 000
1948	18	4 450 000	142	7 859 000	160	12 309 000
1952	14	3 412 000	117	6 188 000	131	9 599 000
1956	14	4 411 000	111	6 958 000	125	11 369 000
1960	13	4 185 000	98	7 170 000	111	11 355 000
1964	14	4 107 000	93	7 617 000	107	11 725 000
1968	13	5 034 000	85	8 039 000	98	13 073 000
1972	11	3 877 000	78	7 498 000	89	11 375 000
1976	13	2 970 000	72	7 197 000	85	10 167 000
1980	13	2 913 000	72	7 468 000	85	10 381 000
1984	12	2 777 000	72	6 396 000	84	9 173 000
1988	11	2 187 000	74	6 499 000	85	8 686 000

* Ces chiffres, et ceux qui suivent, puisés à diverses sources ne figurent qu'à titre indicatif.

L'âge d'or de la presse quotidienne française a commencé avec la grande loi de 1881 et a duré un peu plus de trente ans. La croissance la plus spectaculaire fut celle des quotidiens de province, dont le nombre de titres augmenta de 43 % en 25 ans, le tirage de plus de 1 000 %, tout en restant encore inférieur au tirage des quotidiens parisiens ; les courbes ne se croiseront qu'en 1939. Après la Première Guerre mondiale les quotidiens durent affronter la concurrence des magazines illustrés. Avant la Seconde Guerre mondiale les quotidiens parisiens comportaient d'une part des journaux de grande information s'efforçant de diversifier leurs rubriques, d'autre part, une active presse d'opinion : chaque tendance politique avait son quotidien. La guerre et l'occupation du territoire provoquèrent à la fois le sabordage de certains quotidiens, vers 1942, et l'apparition d'une presse clandestine. Pour de multiples raisons, la radio supplanta la presse écrite. La Libération voit à la fois l'interdiction des titres ayant continué à paraître sous l'ennemi et une explosion de titres nouveaux. La presse quotidienne retrouva à Paris ses chiffres d'avant-guerre, en nombre de titres comme en tirages ; en province la diffusion s'éleva parfois au voisinage des 10 millions d'exemplaires. Assez vite pourtant les chiffres chutèrent. En 1952, le tirage de l'ensemble des quotidiens français était retombé au niveau de 1914 ! La presse de province fut la première à réagir et à entamer la reconquête de son public par regroupements et fusions autour des grands régionaux, accords de répartition de zones de clientèle. Une meilleure gestion lui donna les moyens d'aborder avant Paris la seconde révolution industrielle de la presse (passage à l'impression offset et à la photocomposition) non sans pouvoir toujours éviter des conflits sociaux. Grâce à ces efforts, la diffusion des quotidiens régionaux dépassait les 8 millions d'exemplaires en 1968 tandis que celle de leurs confrères parisiens passait sous le plancher des 3 millions en 1976. Les chiffres de diffusion de la période actuelle, avec un nombre de titres considérablement réduit par rapport à 1939 et compte tenu de l'augmentation de la population, sont en régression. Cette diminution, beaucoup plus marquée à Paris qu'en province, est compensée par une très forte expansion de la presse périodique (plus de 8 000 titres), aussi bien pour les « news magazines » que pour la presse spécialisée et la presse de loisirs, auxquelles il faut ajouter de nouvelles formules : les hebdomadaires TV et les suppléments magazines du samedi lancés par les grands quotidiens, sans oublier les chiffres astronomiques des journaux gratuits (petites annonces et publicités locales) : 570 parutions et 40 millions d'exemplaires par semaine en 1989.

Quotidiens français à gros tirages
(Moyenne annuelle du tirage quotidien)

Titre du journal	Siège - Fondation		1989-1990 (Classement entre parenthèses)	1979-1980 (Classement entre parenthèses)
Ouest-France	Rennes	1944	760 000 (1)	681 262 (1)
Le Figaro	Paris	1866	561 766 (2)	311 259 (9)
Le Parisien libéré	Paris	1944	500 000 (3)	346 264 (7)
France-Soir	Paris	1944	467 000 (4)	433 432 (3)
Le Monde	Paris	1944	450 000 (5)	445 370 (2)
La Voix du Nord	Lille	1944	429 857 (6)	379 456 (4)
Sud-Ouest	Bordeaux	1945	418 900 (7)	365 295 (6)
Le Progrès	Lyon	1895	411 240 (8)	367 199 (5)
L'Équipe	Paris	1946	391 255 (9)	240 142 (16)
Le Dauphiné libéré	Grenoble	1944	324 492 (10)	332 135 (8)
La Nouvelle République du Centre-Ouest	Tours	1944	296 654 (11)	283 416 (10)
La Montagne	Clermont-Ferrand	1919	285 000 (12)	257 081 (13)
Libération	Paris	1973	281 971 (13)	41 619
L'Est républicain	Nancy	1889	280 551 (14)	261 085 (11)
La Dépêche du Midi	Toulouse	1870	277 955 (15)	256 153 (14)
Midi Libre	Montpellier	1944	270 508 (16)	189 429 (19)
Corse-Matin	Nice	1949	269 385 (17)	258 000 (12)
Nice-Matin	Nice	1944	265 000 (18)	254 995 (15)
			534 385	512 995
Les Dernières Nouvelles d'Alsace	Strasbourg	1877	237 771 (19)	215 451 (17)
Le Républicain lorrain	Metz	1919	220 000 (20)	207 642 (18)
Le Télégramme de Brest et de l'Ouest	Morlaix	1944	206 248 (21)	168 408 (23)
Paris-Turf	Paris	1944	200 000 (22)	180 000 (21)
Nord-Éclair	Roubaix	1945	193 554 (23)	187 551 (20)
Le Provençal	Marseille	1944	192 600 (24)	171 315 (22)
L'Humanité	Paris	1904	160 000 (25)	142 560 (24)
Paris-Normandie	Rouen	1944	140 000 (26)	142 175 (25)
L'Alsace	Mulhouse	1944	136 297 (27)	126 301 (27)
Le Pays de Franche-Comté	Belfort			
L'Union	Reims	1944	130 000 (28)	137 370 (26)

Principaux tirages des hebdomadaires français (1989-1990)

Titre	Tirage moyen	Titre	Tirage moyen
TV magazine	4 000 000	Téléstar	2 300 000
Télé 7 jours	3 553 000	TV hebdo	2 100 000
Femme actuelle	2 300 000	Télépoche	2 000 000

Titre	Tirage moyen	Titre	Tirage moyen
Téléloisirs	1 400 000	Le Nouvel Observateur	475 000
Télé Z	1 250 000	Elle	450 000
Paris-Match	1 000 000	Télémagazine	450 000
Le Figaro magazine	832 000	Auto plus	430 000
Nous deux	823 000	Le Nouvel Intimité	404 000
Madame Figaro	800 000	Voici	400 000
Télé 7 vidéo	727 000	Pèlerin magazine	400 000
L'Express	700 000	V.S.D.	400 000
France-Dimanche	655 000	Le Point	394 000
Maxi	600 000	Journal de Mickey	350 000
Ici Paris	600 000	Rustica	340 000
Le Meilleur	590 000	Le Nouveau Détective	320 000
Le Canard enchaîné	550 000	La Vie	300 000
Le Particulier	520 000	Bonne Soirée	296 000
Télérama	504 000	La France agricole	256 000
Femme d'aujourd'hui	500 000	La Vie du rail	250 000
Le Journal du dimanche	500 000	L'Evénement	250 000

Principaux tirages des mensuels français (1989-1990)

Titre	Tirage moyen	Titre	Tirage moyen
Prima	1 550 000	Première	379 000
Modes et travaux	1 320 000	Cosmopolitan	371 000
Bonheur	1 200 000	Biba	370 000
Sélection du reader's digest	1 100 000	50 Millions de consommateurs	350 000
Notre Temps	1 030 000	New Look	340 000
Viva	900 000	Le Temps retrouvé	340 000
Avantages	800 000	L'Auto journal (bi-mensuel)	337 000
Marie-Claire	748 000	Podium	320 000
Le Chasseur français	670 000	Lui	309 000
Géo	624 000	Jeune et jolie	300 000
Art et décoration	600 000	Famille magazine	260 000
Parents	450 000	La Maison de Marie-Claire	253 000
Bien-être et santé	450 000	Actuel	250 000
L'Action automobile	431 000	Que choisir	250 000
Transfac	430 000	Mon jardin, ma maison	250 000
Science et vie	424 000	Picsou magazine	250 000
Marie-France	420 000	CFDT magazine	250 000
Auto moto	410 000	Le Journal de la maison	242 000
L'Enseignement public	382 000	Le Revenu français	240 000
Ça m'intéresse	380 000	L'Expansion (bi-mensuel)	226 000

GLOSSAIRE

Accroche : courte formule, si possible alléchante, en première page, qui renvoie à un article publié à l'intérieur du journal.

Avant-papie : article préludant à un grand reportage, publié la veille ou quelques jours avant.

Bandeau : gros titre au-dessus du propre titre du journal, qui renvoie à une information intérieure.

Bas de casse : minuscules (ces caractères se trouvaient autrefois dans le bas des casses d'imprimerie).

B.A.T. : Bon à tirer signé par le responsable de la rédaction pour que les machines commencent à imprimer.

Bélin (ou **Bélino**) : photo transmise par ligne téléphonique. On dit indifféremment un bélin ou une bélino. Deux inconvénients : le poids du matériel (valise labo et émetteur), les parasites de la ligne téléphonique qui perturbent la photo. Un concurrent sérieux à l'horizon : la transmission électronique d'images numériques.

Beurré : journal imprimé avec un excès d'encre qui empâte les caractères.

Bidonner : truquer, écrire un article «de chic» sans avoir d'information précise, un reportage sans enquête sur place, etc. Sport dangereux : un chroniqueur théâtral fait son papier sans assister à la pièce, qu'il a lue et dont il connaît les principaux comédiens, il titre : «Terne soirée au théâtre municipal». Ce soir-là un incendie s'est déclaré pendant le troisième acte !

Bifteck (le) : en argot des rotativistes : papier journal encore non imprimé.

Billet : très court article, qui n'est pas souvent doux, mais s'efforce d'être spirituel et fantaisiste, sur un sujet d'actualité, publié généralement en première et dernière page.

Bouillon : nombre d'exemplaires invendus. Le journal étant une denrée éminemment périssable, le bouillon doit être le plus maigre possible.

Bouclage : dernière réunion des responsables pour arrêter la physionomie définitive du journal ou du magazine. Sauf information sensationnelle et d'importance mondiale, plus rien ne doit changer dans le journal après le bouclage.

Brève : information réduite à l'essentiel, qui doit tenir en quelques lignes. Tout journaliste débutant fera l'expérience angoissante de se voir remettre douze feuillets de texte avec l'injonction : «Tiens, fais-en une brève !» C'est d'ailleurs une excellente gymnastique de rédaction.

Bulletin : autrefois dans la presse écrite, article traitant des principales nouvelles ici ou ailleurs (dans ce cas, c'est un «bulletin de l'étranger»). Aujourd'hui dans la presse audiovisuelle : résumé des principales informations.

Camembert : page qui n'est imprimée que d'un seul côté : le verso est blanc.

Canard : imprimé à diffusion populaire consacré à une catastrophe, un événement spectaculaire, un fait divers à sensation, avec illustration sous le titre. Les canards sont nés avant les vrais journaux et leur ont fait concurrence jusqu'au début du XXe siècle. «Le canard est une nouvelle quelquefois vraie, toujours exagérée, souvent fausse.» (Gérard de Nerval.)

Carré (mettre au) : finir un article, un paragraphe ou une légende par une ligne complètement pleine. Il faut alors écrire la dernière phrase en la calculant «au signe près».

Casse : ensemble des compartiments qui contenaient les caractères d'imprimerie, minuscules en bas, capitales en haut. Le typographe saisissait les lettres du mot à composer et les alignait sur un composteur.

Catching phrase : première phrase d'un article qui doit «empoigner» le lecteur afin qu'il ait le désir de continuer sa lecture.

Caviarder : supprimer des mots ou des phrases dans un article (en les barrant de noir : le caviar). Quand l'article entier est caviardé on dit qu'il est sucré.

Chapeau : texte court précédant un article ; il en résume les points saillants ou attire l'attention du lecteur sur un aspect particulier. Le chapeau est généralement composé en caractères plus gros ou différents.

Chasse : largeur hors tout d'un caractère d'imprimerie.

Chasser : on dit d'un type de caractère qu'il chasse quand un article est plus long imprimé en ce caractère que dans les caractères habituels.

Chef des info : chef des informations générales ; c'est-à-dire : les faits divers dans la presse parisienne ; tout ce qui n'est pas la locale, la régionale, le sport ou les pages spéciales dans la presse de province.

Chiens écrasés : informations anodines confiées le plus souvent à des débutants (on dit qu'ils «font les chiens écrasés»), excellent moyen de s'entraîner aux 5 W (qui, quoi, où, etc. vous savez bien...) et d'en saisir toute l'importance : qu'un chien morde un homme ne bouleversera pas le public, si l'homme a mordu le chien, c'est déjà beaucoup plus intéressant.

Chronique : rubrique régulière rédigée par un journaliste spécialisé traitant soit des faits de l'actualité d'un point de vue et si possible dans un style originaux, soit de nouvelles relevant d'un domaine particulier : chronique théâtrale, littéraire, etc.

Chute : dernière phrase d'un article qui le termine en beauté, soit par un mot, soit par un argument définitif. Les meilleures chutes sont celles qui ne se cassent pas la gueule.

Cicéro : mesure typographique contenant douze points ; pour cette raison, on l'appelle aussi « douze ».

Clause de conscience : règle qui, depuis 1935, permet à un journaliste de quitter son journal avec les honneurs (c'est-à-dire avec des indemnités substantielles) si celui-ci vient à changer de patron ou de ligne politique.

Clavistes : personnes, hommes ou femmes, qui ont remplacé les typographes et qui photocomposent le journal sur un clavier à peu près semblable à celui d'une machine à écrire. La bande perforée ainsi produite, après son traitement par ordinateur, commande une marchine à composer.

Cliché : feuille de métal où se trouve en négatif l'illustration ou le texte que l'on veut imprimer.

Close-up : article, ou ensemble d'articles, basé sur en enquête approfondie et faisant le tour complet d'un personnage ou d'un thème donné.

Clous (les) : en argot de photoreporter, les appareils photo.

Columniste : journaliste qui, par l'intermédiaire le plus souvent d'une agence spécialisée, écrit des articles qui paraissent dans plusieurs journaux à la fois. Cette pratique, très répandue aux États-Unis, est utilisée en France par des journaux régionaux (voir « édito »).

Composer : transposer un texte en caractères d'imprimerie. L'opération s'effectuait autrefois à la main, puis mécaniquement (Linotype, Monotype), aujourd'hui par photocomposeuse.

Conférence (la) : pour conférence de rédaction, réunion des principaux responsables de la rédaction autour du directeur du journal ou du rédacteur en chef, dans le but de passer rapidement en revue les informations disponibles et de répartir leur place dans le futur journal.

Contact : informateur sur un domaine particulier auquel il a accès, parfois rémunéré, en tout cas à traiter avec égard. Antoine Blondin expliquait les factures de bar de ses notes de frais par la mention « verres de contact ».

Copie : article dactylographié prêt à être imprimé.

Coquille : faute d'impression. La plus célèbre est celle du titre d'un article qu'un rédacteur chevronné avait intitulé « Mes Coquilles » et qui parut avec une belle coquille : le « q » avait été oublié à la composition, sur deux colonnes, en première page !

Corps : épaisseur d'un bloc de caractères, dans le sens de la hauteur de celui-ci. Sa mesure caractérise la grosseur des caractères : corps 6 (très petit), corps 7, 8, 9, 10 (courants), etc.

Correspondant : il en est de plusieurs sortes : local ou à l'étranger, il couvre toute l'information sur la zone dont il est responsable. Cas particulier : le correspondant de guerre, envoyé spécial du journal sur le théâtre des opérations, agréé par l'autorité militaire.

Courette (faire la) : expression de photoreporters, plus précisément de paparazzi ; suivre partout une personnalité qu'elle le veuille ou non.

Cover story : terme employé dans les magazines. Article(s) ou reportage(s) illustré(s) par la photo de couverture. C'est donc un sujet important, au moins aux yeux du journal.

Deadline : heure limite pour la remise de la copie à la composition. Après, c'est la mort de l'article.

Dégoule : ensemble de sous- et intertitres qu'on ajoute à un article (argot journalistique).

Deleatur : signe de correction typographique (ressemblant au « d » de l'écriture allemande gothique) qui, en marge d'une lettre, d'un mot ou d'un passage barré, veut dire : à supprimer.

Dépêche : information transmise au journal par le téléscripteur d'une agence de presse.

Dernière édition : la plupart des quotidiens tirent plusieurs éditions successives afin de serrer l'actualité au plus près dans les dernières éditions, si besoin est. Les premières éditions sont évidemment destinées aux points de distribution les plus éloignés.

Dernière heure : information jugée importante insérée exceptionnellement après la deadline, très exceptionnellement après le bouclage (dans ce dernier cas, ce n'est pas une mince affaire, il faut le plus souvent arrêter ou retarder les rotatives, lourde responsabilité, compte tenu du caractère absolument impératif des horaires dans un journal).

Desk : dans une agence, le secrétariat de rédaction.

Directeur artistique : responsable de l'aspect visuel du journal, non seulement de la maquette et de la mise en page, mais aussi (surtout pour les magazines) du choix des illustrations, voire des photographies, son rôle est alors très important.

Douze : mesure de douze points typographiques, synonyme de cicéro.

Échos : rubrique faisant état des bruits qui courent, de ce que l'on dit sur untel, souvent synonyme de ragots, parfois enrobés par le style ou l'humour. La championne du monde de ce sport particulier fut, après la guerre, aux États-Unis, l'échotière de Hollywood, Elsa Maxwell. En France, la plus connue reste

Carmen Tessier, qui fit longtemps les beaux jours de France-Soir.

Edito : éditorial, exposé de l'opinion du journal, arguments à l'appui, sur un important sujet d'actualité. Il est généralement écrit par le rédacteur en chef, quelquefois par un chroniqueur. Dans certains journaux de province, l'habitude s'est répandue d'utiliser, sur les sujets non régionaux, des éditoriaux de confection, rédigés par une signature (voir ce mot) ou un journaliste spécialisé dans cette technique. Ils sont diffusés par une agence auprès de plusieurs journaux; ainsi, un voyageur ne sera-t-il pas dépaysé d'un journal à un autre, mais ceux-ci y perdent de leur personnalité.

Feature : enquête complète ou reportage structuré, pas forcément lié à l'actualité. On l'appelle aussi «papier-magazine». Les agences de presses les diffusent sur leurs téléscripteurs pendant les heures creuses. Certaines agences sont spécialisées dans la fourniture de features et de grands reportages.

Feuilleton : autrefois, chronique qui occupait le tiers de page du bas de la «une». Aujourd'hui, roman à suite qui prit la place de ces chroniques (mais se trouve maintenant dans une page intérieure).

Filet : ligne noire séparant ou encadrant des articles, des titres, des colonnes. Signifie aussi : entrefilet, court article sur une colonne un peu plus long qu'une brève.

Fiscalité : tout «journaliste, rédacteur, photographe de presse, directeur de journal, critique dramatique et musical» bénéficie d'un abattement à la base supplémentaire de 30% sur la première tranche de 50 000 F de sa déclaration de revenus. Cette disposition fiscale est en fait un cadeau «souvenez-vous de moi» de l'État aux membres de la presse, dont les frais professionnels sont en principe couverts par leurs journaux (voir «Frais»).

Flan : en typographie, carton spécial pour prendre l'empreinte d'une page montée, on le courbe sur une forme (demi-cylindre) et on y coule le stéréo (voir ce mot).

Flash : information importante et brève diffusée en priorité soit par une agence de presse (dans ce cas une sonnerie du téléscripteur le signale), soit par la radio ou la télévision (quelques fois en interrompant l'émission en cours).

Frago (un) : abréviation de Fragonnard, en argot des photoreporters; une photo particulièrement réussie, qui dit tout d'un événement en une seule vue. On dit aussi «une plaque extra».

Frais (note de) : les frais professionnels d'un journaliste sont très généralement couverts par le journal. Une des premières choses qu'un débutant doit apprendre à rédiger est sa note de frais. La plus célèbre reste celle du grand reporter Albert Londres, lorsqu'il avait dû se déplacer à cheval dans les Balkans : «acheté un cheval 1 200 francs, revendu le cheval 400 francs, total 1 600 francs». C'est lui aussi qui a inventé la célèbre formule : «on n'est pas de bois : 600 francs F.

Free lance : journaliste qui n'est attaché à aucun journal ni aucune agence (concurrence oblige, pour vendre ses articles ou ses photos, il doit réussir ce que n'ont pas fait ses confrères attachés tranquilles à une rédaction).

Frigidaire : ou frigo, endroit où l'on place un article tout prêt dont la parution est différée. Si l'article est composé, on le conserve au «marbre» qui, dans ce cas d'espèce, devient synonyme de frigidaire.

Gras : toute police de caractères d'imprimerie comporte des lettres en romain, italique et gras. On met généralement en caractère gras ce que l'on veut souligner et souvent les chapeaux.

Hélio : procédé de reproduction basé non plus sur les reliefs mais sur les creux, qu'on remplit d'encre. Il tend, avec l'offset, à remplacer la typographie; tous les grands magazines d'aujourd'hui sont tirés en hélio.

Inter : pour inter-titres, titre intercalaire qu'on utilise pour titrer une sous-partie ou simplement aérer une mise en page en reposant l'œil du lecteur. Il doit si possible se rapporter au texte qu'il surmonte.

Ital : pour «italique», caractère penché à droite. Apparaissant dans un texte en caractères romains, elle (on dit «une» italique) sert à distinguer un mot ou une expression particulière, de langue étrangère par exemple, ou le titre d'un ouvrage.

Justif : pour «justification», largeur d'une colonne. Justifier un titre ou un article, c'est fixer la largeur qu'ils occuperont dans le journal.

Leader : article de fond, considéré comme le principal article du journal.

Ligne (tirer à la) : pratique peu recommandable qui consiste à allonger plus qu'il n'est nécessaire un article (alors que les meilleurs journalistes s'efforcent d'être brefs). L'expression vient du temps où les journalistes étaient payés à la ligne.

Linotype : machine permettant de composer une ligne de caractères en plomb d'un seul tenant.

Locale : rédaction responsable des nouvelles de la ville du journal et de ses environs. Ses rédacteurs sont des «localiers».

Magazine : un papier-magazine est un article assez long, si possible plaisant, qui ne traite pas d'une actualité brûlante.

Manchette : titre en gros caractères en tête de la première page du journal.

Maquette : plan d'une page ou de toute la publication, avec emplacement des titres, des textes et des illustrations.

Marbre : table en acier sur laquelle on monte les pages dans leur cadre. Par extension : atelier où s'effectue ce travail.

Marronnier : article «bateau» qui revient à une date précise (rentrée des classes, venue du printemps, etc.).

Mastic : interversion des lignes ou mélange de paragraphes dans le montage d'une page.

Meubler : presse audiovisuelle : parler pour «meubler le silence» quand un événement ou une personne se fait attendre. C'est en meublant ainsi, en direct, les péripéties un peu confuses du début des 24 Heures automobiles du Mans, que le reporter sportif Georges Briquet a été entraîné à dire : «Attendons la nuit pour y voir plus clair!»

Monotype : machine à composer fondant les caractères l'un après l'autre et les rangeant en ordre sur la justification prévue.

Montage : mise en place d'une page suivant maquette.

Morasse : épreuve de contrôle d'une page qui vient d'être montée. On encre la page, on pose un papier généralement humide, on passe dessus un rouleau ou on tape avec une brosse. Les épreuves ainsi obtenues sont contrôlées par le rédacteur au marbre ou un secrétaire de rédaction, et relues par les correcteurs avant B.A.T.

Nagra : magnétophone portatif fiable et (relativement) léger qui a révolutionné la presse radiophonique lorsqu'Europe n° 1 en eut fait un usage systématique en reportage.

Nécro : pour nécrologie, article traitant de la biographie de quelqu'un dont on annonce la mort. Horrible détail : les nécros des personnages célèbres sont souvent écrites à l'avance, mises au frigidaire et tenues à jour. On ne sait jamais...

News : informations d'actualité. Certains magazines s'étant spécialisés dans ces informations et leur approfondissement, on les a appelés des news-magazines, par abréviation : les news. Variante : hot news, informations «brûlantes», comme leur nom l'indique, c'est-à-dire importantes et récentes.

Offset : procédé d'impression sans relief ni creux. Les éléments imprimants sont disposés sur une plaque métallique photosensible. Ils viendront imprimer le papier par le biais d'un décalque sur un cylindre intermédiaire : le blanchet.

O.J.D. : Office de justification de la diffusion. Organisme qui vérifie le tirage et la diffusion des journaux et établit leur performance moyenne sur une durée d'un an.

Ours : encadré ou colonne qui énumère les principaux responsables d'une publication, indique les adresses de la rédaction, de la publicité, etc.

Paparazzo : pluriel : des paparazzi. Nom donné à des photographes bardés de téléobjectifs, spécialisés dans les reportages sur les vedettes de l'actualité et leur intimité, capables de toutes les audaces pour arriver à leurs fins. Longtemps Brigitte Bardot fut leur principale cible, puis Jackie Kennedy, enfin les princesses Caroline et Stéphanie de Monaco.

Papier (un) : un article.

Photocomposition : procédé de composition à haut rendement, supprime l'usage du plomb par le recours aux techniques photographiques ou électroniques.

Photogravure : procédé chimique ou électronique permettant d'obtenir un cliché d'imprimerie à partir d'un document graphique (photo ou dessin).

Pige : autrefois norme indiquant le nombre de signes qu'un typographe devait composer à l'heure. Aujourd'hui ce terme qualifie les honoraires d'un journaliste non salarié par le journal; son article lui est payé à la ligne (on dit : à la pige). Faire une pige veut aussi dire rédiger un article pour un autre journal que le sien.

Planque (faire la) : attendre à proximité d'un endroit où doit se passer un événement. Ce sont le plus souvent les photographes qui la font, guettant l'occasion d'une photo rare, mais il arrive à la presse écrite de planquer elle aussi (pour attendre les résultats d'une délibération par exemple).

Point : unité de mesure typographique inventée par François-Amboise Didot en 1775 et permettant de préciser la grandeur des caractères d'imprimerie : corps 8, corps 14. Un point vaut 0,376 millimètre.
Le point Pica (USA) vaut 0,358 mm.

Police : ensemble des signes et lettres d'un même caractère d'imprimerie.

Publiciste : journaliste (et non pas professionnel de la publicité comme on le dit trop souvent).

Raflette (faire la) : argot de photoreporters : se procurer toutes les photos disponibles, de professionnels ou d'amateurs, sur un événement donné.

Ratage : ne pas publier une information jugée importante.

Record (off the) : terme anglo-saxon adopté par la presse européenne pour signifier que les informations fournies ou les paroles dites ne seront pas mentionnées et que le journaliste n'en fera pas état.

Rédaction : l'ensemble des journalistes d'une publication, d'un poste de radio ou d'une chaîne de télévision. La note à la rédaction la plus connue est celle que fit afficher Clemenceau quand il était directeur de l'Aurore : «Messieurs les rédacteurs sont priés de ne pas partir avant d'être arrivés.»

Release : date ou heure de publication fixée unilatéralement ou d'un commun accord avec la presse, pour un élément donné. Exemple : le texte du discours d'un ministre est communiqué à l'avance aux agences et journaux agréés à condition qu'ils ne le diffusent pas avant que le ministre ait parlé.

Rewriting : rédiger un article définitif à partir d'un autre article ou de dépêches ou d'un ensemble d'événements écrits. Verbe : rewriter (prononcer : té). Celui qui rewrite est le rewriter (pronocer : tère). Les journalistes américains ont longtemps travaillé à deux (beaucoup continuent) : un reporter (plutôt un enquêteur en l'occurrence) qui rassemble les informations et un rewriter qui les rédige.

Rez-de-chaussée : bas de page, emplacement des anciens feuilletons.

Romain : caractère d'imprimerie le plus courant ; droit, il se différencie de l'italique ; maigre, il se différencie du gras. «Petit romain» était autrefois le nom du corps 9.

Rouler : quand le journal roule, il est en cours d'impression, allusion au fonctionnement circulaire des rotatives.

Scoop : le grand coup : l'information, la photo, l'interview exclusive (qu'on est le seul à publier) et sensationnelle (que tous les autres auraient boulu publier).

Secrétaire de rédaction : journaliste responsable du traitement des articles en vue de leur publication : il recueille la copie, la lit, éventuellement la modifie ou la coupe, y ajoute des intertitres ou un chapeau, avant de la préparer pour l'imprimerie en précisant les caractères souhaités.

Signature (une) : personnalité connue, pas forcément journaliste, qui rédige un article. Par extension, article ainsi rédigé.

Société de rédacteurs : association des journalistes d'une même publication dans le but d'intervenir dans la direction de celle-ci.

Stéréo : demi-cylindre de métal reproduisant par moulage une page du journal et fixé sur un demi-rouleau de rotative en vue de l'impression.

Stringer : correspondant ne faisant pas partie de la rédaction.

Sucrer (un article, un titre) : supprimer.

Tabloïd : journal dont le format est celui d'une demi-page de journal classique.

Tartine : article contenant des explications ou des considérations longues et fastidieuses. L'exemple même de ce qu'il ne faut pas faire si l'on veut manger son pain beurré.

Téléscripteur : machine qui dactylographie à distance. Les agences de presse installent un ou plusieurs téléscripteurs chez leurs clients, par lesquels elles diffusent leurs dépêches. Il faut simplement penser en temps utile à couper les papiers ainsi déployés et à réapprovisionner les machines en rouleaux.

Temps : le pire ennemi des journalistes : un article qui n'est pas prêt à l'heure prévue ne paraîtra plus jamais, dans la grande majorité des cas. Gide : «j'appelle journalisme ce qui sera moins intéressant demain

qu'aujourd'hui». Un journal doit jongler en permanence entre l'actualité la plus récente et les délais obligatoires d'impression et d'acheminement.

Tête (article de) : article publié en tête du journal, parce que considéré comme le plus important.

Tirage : nombre d'exemplaires tirés par numéro, chiffre qui peut différer sensiblement de la diffusion, nombre d'exemplaires effectivement vendus. La diffusion, c'est le tirage moins le bouillon.

Typo : abréviation pour typographie, procédé d'impression en relief qui fut longtemps celui de tous les journaux. Le relief des caractères et des trames (pour les illustrations) reçoit une couche uniforme d'encre et imprime le papier.

CHRONOLOGIE

800	Parution en Chine du premier mensuel imprimé *Kaï-yuan tsa-pao*.
1430	Gutenberg et Janszoon découvrent, chacun séparément, l'impression par caractères mobiles jusque-là inconnue en Occident.
1483	Van Olnutz invente la gravure à l'eau-forte.
1491	*Kalendrier des Bergers*.
1550	*L'Almanach de Nostradamus*.
1597	Un premier mensuel paraît à Augsbourg (Samuel Dilbaum).
1604	Le *Mercurius gallo belgicus* annuel de Francfort.
1605	Bimensuel d'Abraham Verhoeven à Anvers : *De Nieuwe Tijdinghen*.
1622	*Weekly News* de Nathaniel Buttler à Londres.
1631	Parution de *La Gazette* de Théophraste Renaudot.
1644	Discours de Milton «en faveur de la liberté d'imprimer».
1660	*Leipziger Zeitung* de Rytzsch à Leipzig.
1666	Le *Journal des savants*, hebdomadaire.
1672	Fondation du *Mercure galant* par Donneau de Visé.
1719	Leblond, à Paris, imprime en trois couleurs.
1723	Ordonnance réglementant sévèrement la presse française (autorisation préalable et censure).
1728	Benjamin Franklin publie à Philadelphie la *Pennsylvania Gazette*.
1759	*Le Journal des dames,* premier mensuel féminin, fondé par Thoral de Champigneules.
1775	François-Ambroise Didot invente le point et le cicéro, uniformise les caractères typographiques.

1776	La Virginie est le premier des États américains à proclamer la liberté de la presse.	**1830**	La Charte rétablit la liberté de la presse.

1776 La Virginie est le premier des États américains à proclamer la liberté de la presse.

1777 Parution du *Journal de Paris* de Pierre Antoine, premier quotidien français.

1785 Fondation du *Daily Universal Register* qui deviendra le *Times* en 1788.

1787 Le premier amendement de la Constitution américaine interdit au Congrès de voter des lois limitant la liberté de la presse.

1789 L'article XI de la Déclaration des droits de l'homme et du citoyen proclame la liberté de parler, d'écrire et d'imprimer.

1792 (10 août) Le gouvernement révolutionnaire suspend la liberté de la presse, supprime les journaux royalistes, guillotine de nombreux journalistes.

·1793 Invention du télégraphe optique par l'abbé Claude Chappe.
François-Amboise Didot améliore la presse à imprimer (impression en un seul coup).

1795 Lord Stanhope met au point une presse en acier et en fonte.

1796 Aloïs Senefelder découvre la lithographie.

1797 Rétablissement de la censure, instauration du timbre.

1799 Robert invente la fabrication de bobines de papier en continu.
Le Moniteur devient le journal officiel du Consulat puis de l'Empire.

1800 Bonaparte supprime soixante journaux et rétablit l'autorisation préalable.

1803 Première locomotive à vapeur de Trevithick.

1811 Friedrich Kœnig invente la presse à cylindre.

1814 La presse de Kœnig utilise la force de la vapeur.
Loi sur la presse maintenant l'autorisation préalable, jugement des délits d'opinion en correctionnelle, cautionnement et timbre.

1816 Presse à retiration : Kœnig imprime recto verso.
Nicéphore Niepce fixe une image sur une plaque photosensible.

1818 Pierre Lorilleux met au point la fabrication industrielle de l'encre.

1819 Loi de Serres : suppression de l'autorisation préalable et de la censure, jugement par un jury.

1820 Retour au jugement en correctionnelle.

1822 La «loi de tendances» autorise la suspension d'un journal pour «mauvais esprit».

1825 Stephenson ouvre en Angleterre une première ligne de chemin de fer.

1829 Claude Genoux invente la stéréotypie.

1830 La Charte rétablit la liberté de la presse.
Les ordonnances Polignac rétablissent la censure et suppriment toutes les autorisations. La pétition de Thiers dans *Le National* déclenche l'insurrection.
Diminution du cautionnement.
Rétablissement du jury.

1832 Charles-Louis Havas ouvre le bureau de traduction qui deviendra l'agence Havas.

1833 Gauss découvre le principe du télégraphe.

1835 Lois de septembre : censure sur les caricatures, doublement du cautionnement, multiplication des délits d'opinion.

1836 Parution de *La Presse*, quotidien d'Emile de Girardin, le même jour que *Le Siècle* de Dutacq.
Duel Girardin-Carrel.

1837 Télégraphe électrique de Samuel Morse
Première liaison ferroviaire Paris-Versailles.

1838 Jacques Daguerre obtient le premier «daguerréotype».

1840 Presse à réaction de Applegath et Cowper.

1843 *L'Illustration,* premier magazine d'actualité illustré.

1845 Charles Havas utilise le télégraphe morse pour transmettre des informations entre Rouen et Paris.

1848 La première rotative de Kœnig fonctionnne à Londres.
Fondation de l'agence Associated Press.
Les décrets de mars suppriment le timbre et le cautionnement, rétablissent le jury.
Après les journées de Juin : rétablissement du cautionnement et du timbre, interdiction de onze journaux, arrestation de Girardin.

1850 Firmin Gillot invente la photogravure chimique.

1851 Louis-Napoléon rétablit la juridiction correctionnelle.
Reuter fonde l'agence Reuter.

1852 Nicolas Serrières imagine les flans cartonnés permettant de reproduire la composition des pages d'un seul tenant.
Rétablissement de l'autorisation préalable et système des avertissements.

1855 Premier reportage photographique : Robertson, sur la guerre de Crimée.

1858 Utilisation par le public du télégraphe électrique.

1860 Première rotative étudiée par Coverly et Mac Donald pour le *Times.*

1863 Le *Petit Journal* de Moïse Polydore Millaud, premier grand quotidien populaire français.

1863	Invention de la machine à écrire par Glidden et Sholes.
1864	Première automobile à moteur à essence de Delamare-Deboutteville. Marinoni livre sa première rotative au *Petit Journal*.
1868	Suppression de l'autorisation préalable Rochefort lance sa *Lanterne*.
1869	Charles Cros découvre le principe de la photographie en couleurs.
1870	Suppression du droit de timbre. Meurtre du journaliste Victor Noir par le prince Pierre Bonaparte.
1871	Stanley, reporter au *New York Herald*, retrouve l'explorateur Livingstone perdu en Afrique.
1873	Remington perfectionne la machine à écrire et généralise son usage.
1874	Baudot transmet 4 000 mots à l'heure par téléscripteur.
1875	Première automobile à vapeur d'Amédée Bollée. Graham Bell réalise la première transmission téléphonique.
1879	Le Tchèque Karl Klietsch met au point l'héliogravure.
1880	Le journaliste Jules Huret crée les enquêtes en profondeur.
1881	Grande loi française sur la liberté de publication (29 juillet) : suppression de toute mesure préventive, compétence de la cour d'assises, définition du droit de réponse.
1882	Georg Meisenbach met au point la similigravure.
1883	Création de l'agence United Press. Ottman Mergenthaler invente la Linotype.
1884	Le papier tiré du bois remplace le papier chiffon.
1887	Lewistone invente la Monotype.
1889	Christophe publie dans *Le Petit Français illustré* la bande dessinée *La Famille Fenouillard*. Suppression de la saisie préventive par l'autorité administrative.
1890	Edouard Branly invente le récepteur du télégraphe sans fil.
1891	Création du premier quotidien sportif spécialisé, *Le Vélo*. Lippmann découvre la photographie en couleurs.
1893	Lois «scélérates» élargissant la notion de provocation à crime par la presse.
1895	Les frères Lumière présentent le premier film en cinématographe.
1896	Guglielmo Marconi met au point le télégraphe sans fil. *L'Aurore* publie en première page «J'accuse», vibrant plaidoyer d'Émile Zola en faveur de Dreyfus. *The World* publie *Yellow Kid* d'Outeault, premier «comic» américain.
1900	Création du quotidien spécialisé *L'Auto*.
1904	Première impression en offset par Rubel. *La Croix* reproduit une photographie tramée.
1907	Édouard Belin découvre la transmission de photos par fil électrique. Création du quotidien de littérature et de théâtre *Comedia*.
1910	Création d'*Excelsior*, premier grand quotidien illustré de photographies.
1913	Charles Krum invente le téléscripteur.
1914	Assassinats de Gaston Calmette (directeur du *Figaro*) par Mme Caillaux, de Jean Jaurès (directeur de *L'Humanité*) par Raoul Villain. *Le Journal* publie une photographie transmise par bélinogramme. Premier reportage d'Albert Londres.
1915	Première photocomposeuse de Bawtree et Lee.
1918	Fondation du Syndicat national des journalistes français.
1919	Grande grève des typographes parisiens pour imposer des normes de travail basses.
1920	Premier bulletin d'information régulier de radio en Grande-Bretagne et aux États-Unis.
1921	René Belin transmet des photographies par radio.
1922	Premières informations radiophoniques régulières en France (Radiola) et en Grande-Bretagne (B.B.C.).
1925	John Baird invente la télévision mécanique.
1927	Premier «film parlant». Premier «journal parlé» de Privat.
1928	Composition mécanique à distance de Cannet. Coty lance *L'Ami du peuple*, combattu par le Consortium des cinq.
1929	Premier essai de télévision en France.
1930	Prouvost relance *Paris-Soir*. Reportage de Kessel sur la piste aux esclaves pour *Le Matin*.
1932	Première transmission de télévision sur 800 km par Henri de France. Disparition d'Albert Londres.
1933	Première utilisation de rotative offset.
1935	Loi sur le statut professionnel des journalistes. Télévision sur la tour Eiffel.
1936	Premiers programmes réguliers de télévision à Londres.
1937	Émissions régulières de télévision en France.
1938	Prouvost rachète *Match*.
1939	Le gouvernement Daladier interdit *L'Humanité* à la suite du pacte germano-soviétique.

1940 Nationalisation de l'agence Havas par le gouvernement de Vichy.
Rétablissement de l'autorisation préalable, obligation aux journaux de la zone Sud de suivre les consignes du gouvernement de Vichy.
Les Allemands créent l'agence française d'information et contrôlent tous les journaux de la zone Nord occupée.
Parution des premiers journaux clandestins.

1942 L'occupation de la zone Sud provoque le sabordage de nombreux quotidiens.

1944 John Baird découvre la télévision en couleurs.
Ordonnances sur l'épuration de la presse (interdiction des journaux ayant paru sous l'Occupation) et l'autorisatior de parution.
Rétablissement de la juridiction correctionnelle.
Création de l'Agence France Presse, établissement public qui sera doté d'un statut national par une loi en 1957.

1945 Monopole de l'État français sur la radiodiffusion.

1946 Confiscation des biens des journaux interdits, au profit de la Société nationale des entreprises de presse, organisme nationalisé qui les loue aux seuls journaux autorisés.

1947 Grande grève des typographes en février.
Suppression de l'autorisation de paraître.
Loi sur les messageries de presse, les N.M.P.P. (Nouvelles Messageries de la presse parisienne) remplacent les Messageries françaises de presse.

1949 Création de *Paris-Match*, hebdomadaire illustré de photos.
Début du journal télévisé de Pierre Sabbagh.

1950 Liberté rendue au marché du papier journal.
Création de l'hebdomadaire *L'Observateur*.

1953 Création de l'hebdomadaire *L'Express*, premier « news » français.

1954 Les journaux sont autorisés à acquérir les biens de presse que l'État s'était approprié.
Première émission télévisée en Eurovision.

1955 Composeuse photographique d'Higonnet et Moyrond.

1957 Première transmission radio par satellite (soviétique).
Statut de l'Agence France Presse comme organisme autonome.

1959 Ordonnance constituant la Radiodiffusion Télévision Française, établissement public de l'État.

Câble téléphonique sous-marin entre l'Amérique et l'Europe.

1962 Première transmission de télévision par satellite de communication passif (américain) : Telstar.

1967 Première émission de Mondovision.

1968 Le quotidien japonais *Asahi Shimbun* met en service le journal sur écran à domicile.

BIBLIOGRAPHIE

Ouvrages Généraux

Albert Pierre, *La Presse*, Que sais-je ? PUF, 1968.
Albert Pierre et Terrou Fernand, *Histoire de la presse*, Que sais-je ? PUF, 1970.
Balle Francis, *Et si la presse n'existait pas...* J.C. Lattès, 1987.
Bellanger Claude, Godechot Jacques, Guiral Pierre, Terrou Fernand, *Histoire générale de la presse française*, PUF, 5 vol., 1969-1976.
Boivin Émile, *Histoire du journalisme*, Que sais-je ? PUF, 1980.
Calvet Henri, *La Presse contemporaine*, Nathan, 1958.
Centre Georges-Pompidou, *Comment va la presse ?*, catalogue d'exposition, 1982.
Faucher Jean-André et Jacquemart Noël, *Le Quatrième Pouvoir*, Ed. Jacquemart, 1960.
Ledre Charles, *Histoire de la presse*, Fayard, 1958.
Lepape Pierre, *La Presse*, Denoël, 1972.
Livois René de, *Histoire de la presse française*, 2 vol., CFA, 1966, Ed. Spes, 1965.
Manevy Raymond, *Histoire de la presse*, 3 vol., J. Forêt et Corréa, 1945.
Manevy Raymond, *La Presse française de Renaudot à Rochefort*, J. Forêt, 1958.
Paillet M., *Le Journalisme*, Denoël, 1977.
Terrou Fernand, *L'Information*, Que sais-je ? PUF, 1965.
Truck Betty, Allainmat Henry, *La Presse et l'information*, Filipacchi, 1973.
Voyenne Bernard, *La Presse dans la société contemporaine*, Armand Colin, 1969.
Voyenne Bernard, *Les Journalistes français*, CFPJ-Retz, 1985.

Monographies

Amaury Francine, *Histoire du plus grand quotidien de la IIIᵉ République : Le Petit Parisien*, PUF, 2 vol., 1972.
Barrillon R., *Le Cas Paris Soir*, Armand Colin, 1959.
Chapier Henri, *Quinze Ans de Combat*, Julliard, 1974.
Gombault Charles, *Un Journal, une aventure*, Gallimard, 1952.

Hanoteau Guillaume, *La Fabuluseuse Aventure de Paris Match*, 1976.
Samuelson F.M., *Il était une fois Libé*, Seuil, 1979.
Thibau J., *Le Monde, histoire d'un journal*, J.-C. Simoen, 1978.

Biographies

Assouline Pierre, *Albert Londres*, Balland, 1989.
Bailly Christian, *Théophraste Renaudot*, Belfond, 1987.
Boegner Philippe, *Oui patron... la fabuleuse histoire de Jean Prouvost*, Julliard, 1976.
Butin Jean, *Henri Beraud*, Horvath (Roanne), 1979.
Courrière Yves, *Joseph Kessel ou sur la piste du lion*, Plon, 1985.
Lessay Jean, *Rivarol*, Perrin, 1989.
Pellissier Pierre, *Émile de Girardin*, Denoël, 1985.

Mémoires et Souvenirs

Auclères Dominique, *Mes Quatre Vérités, Mémoires d'une envoyée spéciale*, Ed. Vent du Large, 1948.
Beraud Henri, *Le Flâneur salarié*, Ed. de France, 1927.
Brisson Pierre, *Vingt Ans de Figaro, 1938-1958*, Gallimard, 1959.
Gabriel-Robinet Louis, *Une Vie de journaliste*, Grasset, 1970.
Helsey Edouard, *Envoyé spécial*, Fayard, 1955.
Lochon François, *Reportages (Photo-reporter)*, Nathan Image, 1989.
Meyer Arthur, *Ce que je peux dire*, Plon, 1912.
Salmon André, *Souvenirs sans fin*, Gallimard, 1961.
Siegel Maurice, *Vingt ans ça suffit*, Plon, 1975.

Essais

Barsalou Joseph, *Question au journalisme*, Stock, 1973.
Boegner Philippe, *Cette presse malade d'elle-même*, Plon, 1973.
Boris Claude, *Les Tigres de papier*, Seuil, 1975.
Boyer Patrick, *Les Journalistes sont-ils des assassins ?*, Hachette, 1980.
Danan Alexis, *L'Épée du scandale*, Robert Laffont, 1961.
Daudet Léon, *Bréviaire du journalisme*, Gallimard, 1931.
Debray Régis, *Le Pouvoir intellectuel*, Ramsay, 1979.
Gros Brigitte, *La Marée rose*, Albatros, 1983.
Jeudy H.P., *La Peur et les médias. Essai sur la virulence*, PUF, 1979.
Mac Luhan M., *La Galaxie Gutenberg*, Mame, 1967.
Sauvy Alfred, *Le Pouvoir et l'opinion*, Payot, 1962.

Tristani Potteaux F., *L'Information malade de ses stars*, J.-J. Pauvert, 1983.

Divers

Bernstein C. et Woodward B., *Watergate : les fous du président*, Laffont, 1974.
Borgé Jacques et Viasnoff Nicolas, *Histoire de la photo de reportage*, Fernand Nathan, 1982.
Brincourt Christian et Leblanc Michel, *Les Reporters*, Robert Laffont, 1970.
Gaillard Philippe, *Technique du journalisme*, Que sais-je ? PUF, 1971.
Guerrin Michel, *Profession photo-reporter*, Ed. Centre Georges-Pompidou, 1988.
Lacroix Jean-Paul, *La Presse indiscrète*, Julliard, 1967.
Mathien Michel, *La Presse quotidienne régionale*, Que sais-je ? PUF, 1983.
Seidler Édouard, *Le Sport et la presse*, Armand Colin (Kiosque), 1963.
Servan-Schreiber Jean-Louis, *Le Pouvoir d'informer*, Robert Laffont, 1972.
Toscan du Plantier D., *Donnez-nous notre quotidien*, Olivier Orban, 1974.

Reportages

Deux collections publient les grands reportages de journalistes célèbres : Kiosque chez Armand Colin et 10/18 en poche. Dans celle-ci on trouve les articles de Georges Simenon, entre autres, ou d'Albert Londres : *L'Homme qui s'évada* (du bagne), 1975, *Dante n'avait rien vu* (Biribi), 1975, *Terre d'ébène* (la traite des Noirs), 1984, *Le Cheminde Buenos Aires* (la traite des Blanches), 1984... Voir aussi, de Joseph Kessel : *Témoin parmi les hommes*, 6 vol., Plon-Del Duca, 1969, *Images, reportages, aventures*, Plon, 1969, *La Piste fauve*, Gallimard, 1954. De Jérôme et Jean Tharaud, *Grands Reportages*, Corréa, 1946.

Chaque année, le Prix Albert Londres est attribué au meilleur reportage désigné par un jury de professionnels. L'ensemble de ces articles a été publié : *Grands reportages, les quarante prix Albert Londres*, Arléa, 1986.

Littérature et divertissement

De nombreux romans ont pour héros des journalistes, que ce soit le célèbre Rouletabille, reporter à *L'Époque* dans *Le Mystère de la chambre jaune* (1908), *Le Parfum de la dame en noir* (1909) et les livres qui ont suivi (jusqu'en 1923), de Gaston Leroux, ou encore le Fandor des 32 volumes, écrits en 32 mois (1911 à 1914) de la série des *Fantomas* de Marcel Allain et Pierre Souvestre. Mais il ne suffit pas, pour faire un roman *sur* le journalisme, qu'un de ses personnages pratique ce métier. C'est déjà différent quand Dolan, le héros de *Un Linceul n'a pas de poche* d'Horace Mac Coy (Série Noire, Gallimard, 1946) retourne toute une ville en utilisant le journal. Ce l'est plus encore lorsque la presse elle-même est prise pour thème, comme dans le roman de Max Gallo *Une Affaire publique* (Robert Laffont, 1989) qu'on dit inspiré d'une expérience personnelle.

Trois auteurs du siècle dernier ont su illustrer le sujet par d'impérissables créations. Côté sombre : Balzac dans *Les Illusions perdues* (1843), notamment le tome II : *Un Grand Homme de province à Paris*, où Lucien de Rubempré découvre des pratiques de tractation, voire de corruption, que Balzac réprouve; Guy de Maupassant fait de Georges Duroy un *Bel ami* (1885) qui n'écrit pas lui-même les articles qu'il signe. Côté clair : les deux grands reporters rivaux et néanmoins amis, Alcide Jolivet et Harry Blount, que Jules Verne montre en train de suivre les opérations militaires en Sibérie dans *Michel Strogoff* (1876) resteront à jamais les archétypes de chasseurs d'informations.

De Balzac aussi, une courte et sévère *Monographie de la presse parisienne* (1842, réédité en 1965 par J.J. Pauvert avec un texte de Nerval : *L'Histoire véridique du Canard*) qui a vieilli mais de ce fait même ne manque pas de charme — pour amateurs éclairés seulement.

Les auteurs de bandes dessinées prennent volontiers pour héros des journalistes : Superman est reporter dans le civil, de même que la pulpeuse Brenda Starr. L'Europe connaît le Tintin d'Hergé et Lefranc reporter de Jacques Martin. Quant au Gaston Lagaffe de Franquin, c'est dans un journal qu'il est grouillot.

TABLE DES ILLUSTRATIONS

DES NOUVELLES ÉBOURIFFANTES

CRÉDITS PHOTOGRAPHIQUES

COLLABORATEURS EXTÉRIEURS

Maquette : Guylaine Moi. Lecture-correction : Béatrice Peyret-Vignals. Iconographie : Agnès Viterbie.

Table des matières